書山有路勤為徑

學海無崖苦作舟

文經閣

書山有路勤為徑
學海無崖苦作舟

文經閣

安頓身心

喚醒內心最美好的感覺

本書將為你提供一條通往成功與夢想的便捷之路，一條沒有阻礙與艱辛的路，一條充滿了愛與喜悅光芒的路。希望你能夠在本書中與心靈的能量親密結合，發現它、認識它、使用它，並與它和諧地生活在一起。

麥克羅 著

序：點燃內在的「小宇宙」

宇宙的力量是無窮無盡的，正如瑞士數學家萊昂哈德．歐拉所說：「宇宙的結構是最完善的，而且是最明智的上帝的創造，因此，如果在宇宙裡沒有某種極大的或極小的法則，那就根本不會發生任何事情。」

世間的一切都在宇宙的法則下運轉和變化，包括我們珍貴的生命。不僅如此，我們每個人的內在還存在著一個小宇宙，它是宇宙力量的濃縮，雖然無形，卻給我們帶來巨大的力量和無窮的財富。而使這個小宇宙釋放出無限威力的金鑰，就是我們的心靈。我們的心靈擁有著強大的力量，它開啟了我們體內的小宇宙，並引導我們獲得任何有形與無形的財富。心靈能量是人類最有價值的體現，也是創造一切的動力之源。也就是說，我們此時擁有的一切都是由自己的心靈能量創造的。

心靈能量讓每一個生命展現出不同的色彩。也許你此時的境況並不理想，那是因為你沒有很好地運用這股強大的力量。你可以把心靈能量想像成一匹野馬，最開始的時候，它一定不會乖乖聽話，可能會躲在你內心深處的某個角落，讓你尋不到它的蹤影；它也有可能在你身體裡亂跑，讓你處於焦躁不安之中。因此，你需要細心地去尋找它，並且耐心地啟發它、引導它、訓練它，讓它慢慢從你的內心顯露出來，成為你獲得成功的得力夥伴。這個尋找與發現心靈能量的過程，就是我們開啟內在世界的過程。

當你找到了心靈能量，就可以利用它為自己創造無限的財富與價值。實際上，心靈能量是從無限的宇宙中來的，根據宇宙間的能量守恆定律，當它在你的身上流動的時候，如果你不在意它、不去開啟它，那麼它在你生命消逝之後就會重新返回宇宙之中。請珍惜這份來之不易的能量，讓它在你身體中充分發揮自身的價值，幫助你獲得想要的人生。

不要懷疑心靈能量的威力，本書可以明確地告訴你：只要你善於運用心靈的能量，你就可以擁有自己想要的人生。

你的內在與四周時刻圍繞著一種能量場，它的流動方式反映了你的一切態度與思想。如果你的內心是消極的、負向的，那整個能量場必然也是消極的與負向的。根據宇宙間的吸引力法則，這個能量場會為你吸引來同樣消極與負向的事情。相反，如果你的內心是積極的、正向的，那整個能量場又會是怎樣的呢？答案可想而知，這個能量場將為你吸引來一切美好的事物，成為你獲得美好人生的重要保證。

每一個本真的自己都是充滿愛與喜悅的美好存在，但由於外界與內在因素的共同作用，這個真實的自我被物欲與迷亂遮蓋住了。你可能很久沒有體會過喜悅與平和的力量了，你的人生不應該帶有這種負向能量的色彩，也不該在碌碌無為中丟失了本性。你可以再次找回最初的自己；你可以再次享受發自內心的喜悅；你可以在喧鬧之中體會平和與靜謐；你可以讓愛溫暖自己與他人——因為你擁有心靈的能量！

無論你此時是貧窮還是富足，是處於人生低谷還是處於人生巔峰，這些都不是你得不到心靈能量的藉口。宇宙對每個人都是平等的，任何人都可以擁有心靈的能量。

在這本書中，你將充分理解心靈能量的意義所在，也將完全掌握使用心靈能量的技巧與方法。這本書將為你提供一條通往成功與夢想的便捷之路，一條沒有阻礙與艱辛的路，一條充滿了愛與喜悅光芒的路。希望你能夠在本書中與心靈的能量親密結合，發現它、認識它、使用它，並與它和諧地生活在一起。

目 contents 錄

目 contents 錄

目 contents 錄

目 contents 錄

第一章　覺醒與開悟

能獲得快樂、美好事物及生命中所需的一切之力量，就在我們每個人之內。力量——無限的力量——就在那裡。

——【美國】羅伯特·柯里爾

邂逅覺醒的契機

在宇宙中，有這樣一種永恆的、一直存在的能量，它超越了世間所有的生命形式，卻又存在於每一種生命之中。它就是靈性導師們常常提到的本體（Being）。

本體是一種無形的存在，簡單地說，就是你本來的樣子。你雖然無法在腦海中勾勒出它的形態，卻可以碰觸到它。在剛剛出生時，你與本體是緊密聯繫在一起的。那段時間裡，你就是本體，本體就是你自己。隨著時間的過往，外界的思想與言論逐漸開始影響你，這些不同的意見造成了你認知的偏差，因而你開始離自己的本體越來越遠。

在本體逐漸遠離你的過程中，你被設定在外界畫好的框架裡。你在那裡生存——按照一定的規矩與限制生存。那些灌輸在你頭腦中的思想使你的情感受到抑制，無意識地改變了認知，認為外界的一切都是對的，而你自己產生的任何認知都是錯誤的。這時，你的一言一行、一舉一動都與本體相背離。你只是單純受到外界固定思想的支配，而往往忽略了自己內心的「感覺」。

當你與本體的距離越來越遠時，各種痛苦與不安就會瘋狂地襲來。接著，恐懼油然而生並逐漸席捲你的心靈，內在與外在的衝突和矛盾已然成了生活的常態。這時，你會發現，自己的意識裡充滿了各種限定的觀念而非本願，而你此時從事的一切事情都是肉體的嚮往而不能稱之為生命能量的流動。

也許有人會問：「既然如此，那我的本體是不是已經消失殆盡了？」

其實不然，本體永恆地存在於生命形式的最深處，它雖然無形但不會被毀滅。當你全神貫注地臨在時，本體就會在沉靜的思想中慢慢向你靠近，直到被你感覺與觸碰。當你感覺到自己的臨在時，也就是在感受本體。但在感覺本體的過程中，千萬不要嘗試瞭解它，你能做的，唯有感覺。這個感覺的過程也許並不順利，因為阻礙著你與本體邂逅的障礙就是那些頭腦中固定的框架。你總是被各種框架束縛著，但自己毫不知情。它們控制著你的思想以及一切言行，讓你在不知不覺中「心甘情願」地成為了它們的「奴隸」。

正因如此，想要尋回心靈的能量，你首先要做的就是了解到自己是被控制的這個事實。許多人只是覺得生活完全沒有按照本願來發展，覺得命運偏離了正常的軌道，並且朝著錯誤的方向前進，但對如何改變這種狀況毫無頭緒。這都是受到各種框架束縛的結果。

許多人都為這種控制而感到痛苦，但他們並未意識到這種控制的存在，就彷彿是一個個被限制了軀幹與四肢的木偶，極力地「表演」卻並不是出於自己的本願。各種限定的觀念造成了我們與外界的分離，像一道無形的牆壁，割裂了世間所有的存在。

那些限定的觀念不斷干擾我們的內在世界，讓我們無法安定內心與本體接觸，自然無法尋回生命最初的使命。而一旦擺脫了這種束縛，以一個旁觀者的角度去觀察自己的時候，你就會達到一個全新的意識層次。在這種高層次的意識中，你會發現許多過去不曾感受到的，如真愛、喜悅、和平以及其他一切美好的事物，這些都不同於你舊有的思維，也就是超越了固有的思維框架。一個人懂得了如何感受內在的愛與喜悅時，也就離他的本體越來越近。而當他有意識地以快樂和享受的心態去開創人生時，就預示著他開始覺醒了。

覺醒意味著人體內能量的復甦。而感受本體則是對內在能量的碰觸，自然成為了覺醒的契機。每個人都擁有自己獨特的靈性資本、情緒智力以及各種各樣的才能，這些都是心靈能量的體現。這些心靈能量一直伴隨著你，只是你不曾去感受與體會，往往讓這股能量的脈流與你擦肩而過。要想成為善用心靈能量的高手，你就應該嘗試著去重新感知你的本體，並且找到你的真實本性。

本體是你最深的本性，也是帶給你所有能量的根源，而重新覺知到本體的過程就意味著開悟。開悟連接了你與本體，讓你在名字與形象之外重新找到自己的真實本性，從而達到一種與本體合一的狀態。每個人生來都會有各自不同的願望與使命，但這些都在我們與外界的接觸中被逐漸剝離，使我們生活得茫然而又無措。當再次感受到本體時，你也將尋回生命最初的使命，並將一切的能量都聚焦在一點，從而實現非凡的人生。

全然地聆聽與觀察

我們與本體之間存在著一定的距離，但又被一種無形的力量連接著。很多時候，我們常常無法感知這份連接，原因就在於受到心智的阻礙。心智這一股無形的能量，作為人們對已知事物的認識，總是在背後操縱著我們的思想和行動，它能使我們與本體分裂，也與整個世界分裂。我們在心智的幻象下將自己視為一個孤立的小島嶼，對外界造成了一定程度的歪曲認知。

美國某大學的研究人員曾做過這樣一個實驗：他們請好萊塢著名的化妝師在實驗者的臉上畫了一條傷痕，畫好之後，工作人員拿來小鏡子讓每個實驗者看一看自己的臉。隨後他們收起鏡子，告訴實驗者需要在這條傷痕上搽一些粉，這樣這條傷痕才不會被輕易抹去。而實際上，化妝師在這個過程中擦去了實驗者臉上的那條傷痕，由於屋裡沒有鏡子，這些實驗者看不到自己臉上的傷痕已經消失不見了。接下來，研究人員把這些實驗者分派到各大醫院的候診室中，讓他們觀察身邊人對待自己這條「傷痕」的態度。結果，這些實驗者在返回後全部表示：人們總是盯著自己的臉看，而且對待自己的態度很不友好，甚至有些粗魯！

這個實驗被稱為「傷痕實驗」，也是解釋心智力量的一個形象例子。雖然臉上的傷痕已經被擦掉，但那觸目驚心的樣子留在人們的心智中。因此，實驗者受到了心智的干擾，認為其他人因這條傷痕對自己的態度很不友好。造成這一實驗結果的原因就是人們認同了心智，並且毫無理由地相信它。有些人感覺到生命中總是重複出現一些不友好的人或事，而實際上，這些不友好的東西完全出自於心智，也就是說，你所看到和感覺到的一切外部世界往往都是你內心深處的反應。

正確的心智雖然無形，卻能給人們帶來有形的財富。這裡提到的財富，不僅僅指金錢，還包括健康、夢想、價值觀以及你與外界的各種關係。正確的心智以一種積極的觀念投射在外界，讓你與所有美好的事物相遇，讓你的能量處於一種自然流動的狀態。而錯誤的心智正好相反，它阻礙了自身能量的流動，割裂了你與外在的關係，從而讓你忽略了一個重要的事實：世間所有的存在都是一體的。心智在個人覺醒的過程中扮演著十分重要的角色，一旦人們認同它，就必然會受到心智幻象的影響。心智正是這樣創造了一個虛擬的世界，讓你沒有任何理由去懷疑這些幻象，你因此常常會覺得世界本身就是這樣的，自己也就本該如此。

那麼，心智既然有如此大的力量，如果我們已經建立了錯誤的心智，還能不能擺脫它呢？答案是肯定的。唯有擺脫了錯誤的心智干擾，你才能實現內在的能量流動，從而獲得真正的解脫。

也許我們很難不受心智的迷惑，因為它早已固定在我們的內心，但我們可以先試著把注意力集中在內在的能量場中，從內在感受自己的身體與思想。因此，你首先要做的就是——聆聽內在的聲音，並且盡可能多地聆聽內心深處的聲音。不管這個聲音是好的還是壞的，你都需要以一種旁觀者的角度去聽。在聆聽的過程中，你需要多關注那些總是重複的想法，它們經常會讓你不自覺地陷入一種循環的狀態中。

你可以站在一個全新的角度去聆聽內在，就像是個聆聽小鳥鳴叫的路人，不帶有任何偏見，也沒有任何指責與批判。自己只是一個旁觀者，而你聽到的內容卻是內心深處最真實的聲音。在這個聆聽的過程中，你不但覺察到了內在，更發現自己正站在一個客觀的角度觀察內在。這樣你才會在一個新的高度上思考，從而進入更深層次的意識。

藉由一次地進行聆聽與觀察，那種安靜穩定的氛圍會讓你漸漸與本體合一，從而發現最本真的自己。你會感受到一種由內心深處散發出來的微妙感受，那就是來自於心靈深處的能量源頭。在這種狀態下，一切外在的約束對你都不重要了。情緒、思維、外界的煩擾都像是被隔離開了一樣，你能強烈地感覺到自己正處於一種充沛的能量之中。它帶領你超越自我，與能量的源頭連接並提升了內在能量循環的頻率與過程，達到了一種無我的境界。

也許有一天，當你發現自己能與腦海中的另一個聲音和平相處時，就意味著你不再那麼依附心智。並且，你也不會再那麼認真地對待它提供的內容了。一旦你不再認同現有的心智，它就會失去控制你的力量，那種不自覺的、不和諧的生活就會終結。此時，你已經賦予了心智全新的能量，這種能量會帶給你不一樣的思想與行動，從而讓你強烈地感覺到由內在散發出來的極大的喜悅與滿足。

讓意識住進你的身體

人之所以成為人的一個重要標識，就是人具有意識。當意識進入身體時，你的身體與內在就會形成一個能量場。在這個能量場的範圍中，那些不和諧的或是負面的能量都無法融入其中。也就是說，意識充滿了無窮的力量，就像光明的存在一般，任何黑暗的東西都無法在意識之光的照耀下生存。

然而，心智的介入卻影響了意識與內在的聯結。它轉移了你所有的注意力，占據了你所有的意識，並將意識轉化為陳舊的思想與經驗。幸運的是，你在聆聽與觀察內在的時候已經學會不再那麼看重心智的內容了。接下來，你只需將意識從心智中收回，就可以讓意識進入身體與內在很好地聯結。當你不再認同心智時，也就是把意識從心智中抽離出來了，因為你正以一個旁觀者的角度去觀察心智，並讓意識處於一個較高的層次。接下來，你需要讓意識的焦點轉向自身，這樣本體的能量場——也就是你生命力的來源將會提供更強大的能量。這股能量來源於最真實的你，能將你從禁錮的形象中解脫出來，讓你體會來自於能量源頭的純粹意識。

人們在清醒的時候，意識也是清晰的，它能正確地判斷出自己此時所處的環境，並做出相應的反應並實施相應的措施。我們常常聽到這樣的話，如「靜下心來，好好想想」、「別著急，慢慢想」、「想不出來問題的時候就讓自己放鬆下來」等。這些都是在告訴人們，意識在定靜的時候最為活躍。可是，花花綠綠的世界讓我們的意識總是跳躍不定，無法獲得定靜的時刻。意識散落在各處，內在的能量也自然無法集中。如果你想重新收回散落的能量，不妨在比較順利的日常狀態中，嘗試靜下心來，把更多的意識帶進身體中，這樣才會增加更多內在的能量。

那麼，如何將意識帶進身體呢？首先你需要瞭解自己身體的每個部位，並且用心去感受它們。你可以放鬆身體，讓全身上下的每一塊肌肉、每一個細胞都呈現出最舒展的狀態；然後將注意力集中在身體的某一處，可以從頭頂開始，漸漸向其他部位移動。但要注意的是，在移動意識的時候，如果發現身體哪個部分是僵硬的，你就需要稍稍活動它、碰觸它，直到把你的愛意傳遞給它。在這個過程中，你會感覺到原本游離在四處的意識在你的激發之下慢慢回歸到身體中。你可以藉由一次次的練習不斷感受意識的回歸，無須太過急躁，也不可過於強硬，在定靜之中緩慢而溫柔地感受意識的回歸。這樣的過程可以多做幾次，從頭到腳或是從腳到頭，盡可能多地讓身體的各個器官都充滿生命的能量。

藉由這樣的練習，你就能將意識很好地引導進身體內部。一般來說，當意識被導向外在的時候，人們就會被心智的幻象所迷惑，並且思想會全部沉浸在有形的世界中無法自拔；而一旦讓意識住進身體中，它就會更緊密地與本體聯結，展現出更本真的自己，讓你輕而易舉地找到能量的源頭。你將越多的意識引導進身體內部，它的振動頻率就會越高，就像一個永不停息的發動機一樣，能夠持續地製造出更多更強的能量。

收回你投入到外界中的那些注意力，將意識全部聚集在你的內部。以一個旁觀者的角度觀察它，安住於當下，這樣才不會在燈紅酒綠的世界中迷失了自己。那些虛幻的想像、恐懼的情緒、負向的能量就再也無法掌控你的生活了。讓意識住進你的身體，就需要你從內在開始感受身體，感受身體內部每一個細胞的鮮活生命力，感受內在微妙的能量場。只有這樣，你才會在紛擾的外界中保持定靜，領悟內在的力量，並隨時隨地呈現出一種與能量源頭聯結的狀態。

找出自己的本來面目

我們一出生就進入了一個被束縛的世界：國籍、民族、家庭環境、性別等，這些都為我們貼上了標籤，制定了標準，並且劃定了思維活動的範疇。我們從小接受的教育，更使自己習慣於接受一些早已形成的想法，因此讓自己在不知不覺中就失去了自我。

在接下來的成長過程中，我們又陷入到依賴的旋渦當中：依賴父母、親人、朋友、伴侶，還有各行各業的人。我們依賴於別人帶給我們快樂，卻從來不去體會自己是不是真的快樂，也更不會發掘自己是否能產生快樂。這些都是心智構建出來的幻象，而一旦我們接受了這些依賴感，自己也就離本來面目更加遙遠。

由於你漸漸遺忘了自己真實的樣子，心智就會為你塑造一個虛假的自我形象，也就是小我。小我關心的始終是那些虛無的東西，並將你困在它們創造的虛假形象之中。如果你問一個人他是誰，他一定會告訴你他的姓名、職業、家庭、此時的狀況以及所有小我認同的東西。但是，那並不是他真正的面目，只是他認同了心智的內容，同時沉溺在那些毫無用處的虛假形象之中。

也許你已經學會不過多地與心智認同，但發現自己仍然無法認清自己究竟需要什麼，這正是因為你離本來的自己還很遙遠。小我的影響力是很大的，即使認識到它是虛假的、無用的，也並不能說明你已經完全擺脫了那些固定的、束縛自己的東西。如果想要使用內心的力量，你就需要從內在真正獲得解脫，不再依賴任何人、事、物和陳舊的思維模式。重新認識自己，並且找出自己的本來面目，你才能獲得能量的自由流動與釋放。

在古希臘德爾菲城一座神廟入口處刻著一句名言，譯成中文是「認識你自己」。許多到那裡的人都希望找到有關自己命運的答案，或是指引自己未來的方法。他們一定在入口處見到了這幾個字，但他們對這樣一條清晰的神諭不能理解。實際上，這幾個字的含義，要比任何形式的教誨都要明瞭。無論人們在那裡獲得了怎樣的啟示，只要無法理解這條神諭的含義，就始終無法真正獲得解脫。

實際上，這條神諭也就是希望我們能找出自己的本來面目，並且在做每件事之前都問一問自己：「這麼做真是我的本意嗎？」「這是能令我真正喜悅的事情嗎？」「認識你自己」是一個尋回自我，尋回能量源頭的過程。

那麼，我們要從哪裡開始認識自己呢?你不可能回到嬰兒時代再從頭開始，也不能慢慢學習認識，只有從心理層面認識自己，看清當下的自己，才能找到自己的本來面目。你需要明白，任何東西都屬於過去。過去的事情是關於別人的，是時間累積的結果。它受到傳統和記憶的駕馭，已經被打上了是非好惡的評判烙印，因此沉溺於過去只能讓大腦在他人的觀點中陷入困境。而只有埋葬了過去，不再執迷於舊有經驗的引導，傾聽自己內心最真實的呼喚，你才具備尋回自我本來面目的條件。

「認識你自己」是要你在本體中扎根，而不是在幻象中迷失自己。那些虛無的幻象會讓你在認識自己的路上障礙重重。它不會告訴你「我是誰」，而會一直告訴你「我不是誰」。而唯有你不再理會虛假形象，才會讓你的真實身分在這個世界閃耀出來。當你找出了本來的自己，就會讓自己以一種不同於以往的眼光看待自己的需求以及整個世界。

生活是自由的、開放的，當側耳傾聽、全神貫注於美好的事物時，你的內心便遠離了先入為主的偏見，不被概念、詞語或屬性所干擾，也無任何衝突、恐懼、矛盾和占有。只有在內心非常純粹時，你才能真正觀察內在的整個領域，你的心也才能對美好的事物敏感。這樣，你就能讓內心凌駕於個人及社會集體意識之上，讓超脫束縛的自我永放光明，從而真正找到那個本來的自我。

內在直覺的綻放

你不妨回想一下，自己是否有過超乎感官的體驗？或是曾在夢中解決過某個問題，或是在某個不經意的瞬間得到解決眼前困境的靈感與方法，或是忽然聽到了某首歌曲，因而豁然開朗，從不如意的境遇中解脫？每個人也許都或多或少地有過這些感覺，那麼你的這種感覺是強還是弱，是經常發生還是偶爾一次？

有人稱這種偶然間得來的智慧為「幸運的意外」。其實，這種幸運就是你內在的直覺。直覺像是一朵偶爾綻放的花朵，沒有時間概念，也沒有季節規律，只是那麼偶然地在意識深處綻放，卻能讓你的內心繁花似錦。直覺通常充滿了強烈的力量，透過洞見與啟示與你對話，引導你放下苦苦的思索與繁重的工作，進入它創造出來的奇妙世界。在這個看似玩樂的世界中，直覺能讓你發現那些困擾自己多時的答案，且這個發現答案的時間極其短暫。

對於直覺，每個人的感受方式不同，但都有一個相同的現象，那就是——直覺通常很靈驗。迄今為止，那些彷彿不期而遇的巧合儘管無法用邏輯解釋，但直覺帶給我們的不可忽視的力量經常幫助我們度過各種難關。每個人都有自己內在的指引系統，而直覺彷彿是一種隱藏起來的能量，總是經由某些外在的形式傳遞給我們智慧的資訊，或是在冥冥之中指引我們前進的方向。我們如果能認識並運用這種能量，必然能夠在它的幫助下解決很多生活中的問題。

威爾斯全國服務公司的創始人傑伊．威爾斯就是一位善於運用直覺力量的成功人士。在他投資的一家飯店，裡面的每一間客房都為旅客提供電視。當他有一次生病住院的時候，卻發現病房裡沒有電視，忽然他的腦海中蹦出了這樣一個念頭：如果病房裡也有電視就好了！於是，他把這樣一個偶然間出現的念頭當成對自己具有特別意義的信號，並且順著這種直覺繼續思考。他想給所有的病房都裝上電視，讓病人能像住在飯店一樣，可以隨時打發無聊的時間。因此，威爾斯全國服務公司開創了在醫院安裝付費電視的服務，威爾斯本人也成為這方面的領導者。

威爾斯正是發現了直覺傳遞給他的智慧資訊，並且結合自己的知識運用了這股能量，才開創了在醫院安裝付費電視的先河，成為運用直覺力量的典範。直覺能夠在人們的腦海中瞬間形成一個想法，不僅可以讓你知道原本不知道的事，還能夠幫助你發現那些尚未存在的資訊。世界上有許多成功的人，如愛因斯坦、愛迪生等，都善於運用非常精準的直覺，並且透過直覺的指引來完成生命中的每一個重大決策，給世界留下了十分寶貴的財富。

你也許有點蠢蠢欲動了吧？因為利用直覺這股能量引領生活的確很誘人。無論你此時的境況如何，都可以從現在開始，開啟內在的直覺並為此付出行動。直覺往往看似不合邏輯，讓人們覺得自己是在胡思亂想，也正是這種不信任的感覺讓許多直覺之光被無情地撲滅。因此，你首先要做的就是信任直覺的力量。當聽見內心深處的想法，包括每一個偶爾閃過的感觸時，你需要做的就是信任它，並堅信它可以在現實生活中實現。一旦相信了直覺的存在及作用，並且在行動、思想、態度上與其相呼應，你就一定會感受到它帶給你的那股強大而有力的能量。

也許有的人會覺得運用直覺不是一件理智的事，其實不然，直覺與理智是可以共存的。如果你的一切都處於規劃之中，例如每天上班要穿什麼衣服、走哪條路線等，你會發現生活中忽然多了許多「應該」做的事，在這些「應該」之中，自己就像一個機器人，忙忙碌碌之後卻得不到真正的喜悅。這一切都是因為你把自己完全調到了理智的狀態，生活也因此少了許多變幻的色彩。但是，如果沒有理智的頭腦，僅僅生活在直覺之中，這樣也是不可取的，因為這樣只會讓人沉浸在幻想與高談闊論之中。

你需要在直覺與理智之間搭起一座橋樑，也就是透過心靈的能量讓兩者可以相輔相成，共同為生活尋找正確的方向。你一旦接受了直覺的引領，並且朝著那個方向前進之後，就需要用理智的思維、耐力與專注逐步讓內心的直覺在外界顯現，從而達到真正的成功。當你主動去尋找直覺、信任直覺，並且接受它所傳達給你的資訊時，你就會發現圍繞在自己身邊的指引越來越明顯、越來越強烈，而未來生活的方向，也將更加清晰明瞭。

喚醒所有美好感覺

希臘著名哲學家伊壁鳩魯曾說過：「重要的不是發生在你身上的事，而是你對它的反應。」他所提到的「反應」可理解為我們的感覺。相信大家對「感覺」並不陌生：我們可以用眼睛看到美麗的日出、繽紛的色彩；可以用耳朵聆聽小鳥的啁啾、情人的軟語；可以用鼻子聞到花朵的芬芳……這一切都屬於「感覺」，讓我們感受到出現在生命中的事物。但還有一些感覺並不在身體的表面，而是內心深處的覺知。例如，我們可以感受身體內是否在正常地「運作」，甚至可以感覺到體內那股源源不斷的能量流動。

感覺有好壞之分，美好的感覺總是正向的、積極的，它能讓你欣賞到生命中每一處喜悅的風景，並且帶給你所有正向的能量。它的規律就是：你的感覺越好，那些出現在你生命中的人、事、物就越好。當你的感覺更多地傾向於美好時，在你的四周就會產生和諧的振動頻率，這些能量傳遞到你的內心就會讓你覺得十分舒服；反之，你的感覺越差，那些出現在你生命中的人、事、物就越差。當你的感覺更多地傾向於糟糕時，在你的四周就會產生不和諧的振動頻率，這些能量傳遞到你的內心就會讓你覺得十分不和諧。換而言之，感覺的好壞與你吸引來的一切事物密不可分。

沒有人會喜歡不好的感覺，在其中誰都不會品嘗到任何喜悅的味道。因此，你需要喚醒內在所有美好的感覺，讓生命朝著美好的方向延展。你可以想一下自己此時的感覺如何，是憂鬱的還是喜悅的？或是此時你對工作的感覺如何，是煩心的還是順利的？如果你此時想到的是「我的感覺很不好」、「我的工作很不如意」，那麼這種感覺就充滿了負向的能量，會讓你接下來的工作與生活更加不順利。對此，你不如試著去想「我的感覺很好」、「我的工作雖然很難，但對我來說是個轉機」等，這些感覺會讓你內在充滿積極的能量，從而讓自己處於一個和諧的能量循環之中。

還有一些人對於好壞評價十分模糊。如果別人問他們「感覺如何」，他們總是回答「還好」、「還可以」。這種回答聽起來似乎還不錯，但與「好」有著本質的區別。感覺好就是好，壞就是壞。如果一個人總是覺得什麼事都是「還好」、「還可以」，實質上就是他覺得此時的境況馬馬虎虎，一般而已。那麼這種感覺吸引而來的也就是普普通通的人生，這個人也不會有卓越的成就。

許多人並不知道美好的感覺有多大的力量，因此他們不會去掌控自己的感受。他們只覺得生命中出現了好的事情或者壞的事情，並不瞭解這些事情之所以好或者壞都是由自身感受決定的。就像遇到一件麻煩事，你如果以積極的感受去對待，那麼必然會覺得這件事蘊藏著轉機；如果以負向的感受去對待，不好的事情也就產生了。你需要喚醒內在美好的感覺，同時讓自己停留在正向的能量之中。而這一切的前提就是改變自己的感受，讓它朝向美好的一面發展。

當你感覺美好的時候，就不必擔心生命中會出現負向的東西，因為你的意識、行動都是美好的，自然會吸引來同樣美好的事物。只要你能喚醒內在所有美好的感覺，那麼一切負向能量，包括恐懼、憤怒、仇恨及悲傷等，都不能進入到這種美好的感覺中。因此，如果你想讓此時的感覺更好一些，或是你想時刻保持美好的感覺，那就請把周圍的一切看得美好而又奇妙吧！

在每個當下真實地覺知

「為了美好的明天而奮鬥」，這是一句多麼振奮人心的豪言壯語！於是，我們被這句話鼓舞著去擁抱更大的夢想，努力讓自己的明天更加美好，我們總是為明天計畫、為明天打算、為明天擔憂。無論從人生的哪個階段來看，我們似乎都在想接下來要做什麼，要為明天做什麼準備。

有一個人一直想去歐洲旅行，於是他提前幾個月就制訂了一個旅行計畫：閱讀各種有關於歐洲的資料，包括歷史、文化、藝術以及風土人情；研究將要去的那些城市的地圖，訂好飛機票，並制定了詳細的日程表，標出要去的城市中最著名的觀光景點。他為此足足準備了幾個月，並因為這次旅行整日憂愁煩悶，生怕哪個環節出錯而影響整個旅行。於是，幾個月後，他懷揣著厚厚一疊旅行計畫到達了歐洲。當他旅行回來，朋友問他：「你的旅行愉快嗎？」這個人遺憾地搖頭說：「由於天氣原因，我去的觀光景點有了變動，住的地方離更換的景點距離很遠。而且新景點提前沒有收集任何資料，心裡一點都不踏實。哎，總之，這次旅行完全沒有按照計畫進行，簡直糟透了！」

你一定有點同情故事中的這個人，精心計畫的旅行結果變得這麼糟。但是，讓旅行變得糟糕的，不正是他自己嗎？他為了將要到來的旅行「整日憂愁煩悶，生怕哪個環節出錯」，最後還因為旅行沒有按計劃進行而感到不踏實，自然不能享受當下的樂趣，覺得旅行糟糕也是必然的。

我們也常常會有類似的境遇：習慣於把時間分為今天和明天，堅信「明天會更好」，因此常常把希望寄託在明天。今天的生活也是為明天做準備，生怕明天的生活會過得不好，還怕明天會後悔今天的所作所為，所以我們一直活在準備之中，儼然成了「為明天做準備」的專家。為畢業做準備、為工作做準備、為升職加薪做準備、為週末休假做準備……而實際上，我們被時間耍得團團轉，這一切歸根結底，卻像是為了生命的終結而做準備。

在為明天做準備的過程中，我們顯然忘記了還有今天的存在，也忘記了當下的無窮力量。時間與心智是密不可分的，我們被時間所累，自然就是被心智的幻象所欺騙。心智讓我們意識到未來可以圓滿，未來可以使我們解脫，因此我們總是受心智的「蠱惑」而否定當下、逃避當下，無法尊重與認可當下。我們如果把明天作為解脫的工具，我們就永遠無法啟動當下的力量。

因此，如果你想擁有當下的力量，就需要在每個當下的時刻真實地覺知，並不累積任何覺知帶來的經驗。若是你時時刻刻都能保持警覺，能覺知一言一行以及所有發生的事，覺知自己是如何說話、如何走路、如何反應、如何擺姿勢等，那麼所有你需要的東西都會慢慢顯露出來。在每個當下覺知，不是源自於時間，沒有過去與未來。這個絕對的靜止不動是超越所有思想的，這個當下是無止境的。你不需要刻意地為未來設想什麼，只是旁若無物地觀察這一刻所發生的事情即可。

當下的能量是無窮大的，每一件成功的事情都是由當下而來的。同時，當下引領你超越了心智，使你一步步地走上覺醒之路。每一個成功的人都會生活在當下，覺知著當下的每一刻，並且付出巨大的努力，也自然會得到當下的幫助，獲得無窮的能量。當下是你所擁有的唯一時刻——過去的已經過去，未來的還沒有到來，你手中緊緊握有的，唯有當下。

也許經過仔細琢磨，你偶然間會感到豁然開朗，會發現周遭的所有事物都變得生動與鮮活，自己的內在會向外散發無窮的能量，那麼，你已經在享受當下的力量了。

為心靈注入正向能量

每一節電池都有正負兩極，如果安裝反了，就不能啟動它內部貯藏的能量。我們每個人體內也有類似電池一樣的正負兩極，即正向能量與負向能量。

美國著名精神病學家裘蒂斯．歐洛芙博士說：「所謂的正向能量，就是要將那些讓你倍感壓力、疲勞、絕望、恐懼、無助、鬱悶等的負面情緒，轉變為充滿生機和活力、洋溢熱情和愛心的正向情緒，從而讓你的生活變得充盈，讓你的生命重新煥發光彩。」這就是說，正向能量可以讓你的生活充滿活力，讓你看到積極的事情，聽到美好的聲音，讓你身邊的一切事物都被染上美好的氣息。而負向能量則恰好相反，它讓你的生活處於壓抑的狀態，讓你看不到積極的事情，聽不到美好的聲音，讓你身邊一切事物都被沾染上負面的色彩。人們體內存在著這兩種能量，此消彼長，而它們各自的含量多少，與我們自身有著直接的關係。

現今世界，一場隱藏著能量危機的戰爭正威脅著每一個人：鋪天蓋地的資訊和靈活便捷的通訊無時無刻不折磨著我們的精神與情緒，讓我們時刻對身邊一切事物保持警覺，並沉溺於資訊的海洋中無法自拔。在競爭日益激烈的今天，人們習慣了把壓力當成常態，讓不快樂逐漸占據人生。人們整日行色匆匆，卻很少發自內心地想一下要做些什麼，只是習慣性地為了前途忙碌，為了「錢途」奔波。人們在這個躁動不安的社會學會了忍受委屈與疲憊。毫無疑問，我們的正向能量正面臨著空前的壓力。

蘋果公司創始人史蒂夫．賈伯斯是IT產業當之無愧的明星，他所領導的蘋果公司也是最近十年來最為成功的IT企業之一。賈伯斯成功的原因有很多，在一次史丹福大學的畢業典禮上，他講出了自己重新走上事業巔峰的原因。賈伯斯在*20*世紀*70*年代就創立了蘋果公司，經過不懈努力，蘋果公司成為了那個時代最著名的IT企業之一，但是在蘋果公司迅猛發展的時期，賈伯斯被自己創辦的企業掃地出門。賈伯斯回憶這段經歷時講道：「我把事情弄得糟糕透了。但是我漸漸發現了曙光，我仍然喜愛我從事的這些東西。蘋果公司發生的這些事情絲毫沒有改變這些，一點也沒有。我被驅逐了，但是我仍然鍾愛我所做的事情。所以我決定從頭再來。」即使是被自己親手創辦的公司拋棄，賈伯斯依舊沒有放棄對事業的熱愛，正是這種熱愛讓他繼續了自己的事業。後來他又回到了蘋果公司，並且領導公司走向了新的輝煌。

賈伯斯在事業遭受打擊的時候，並沒有被那些負面資訊所吞噬，相反的，他為自己的心靈灌注了源源不斷的正向能量：仍然喜愛自己從事的工作。正因為他身體內充滿了正向的能量，那些負面的情緒與能量才無法將他打倒。

雖然我們很多人無法像賈伯斯一樣獲得那麼大的成就，但只要善於為心靈注入正向能量，達到夢想的高度其實一點都不困難。首先，你需要在頭腦中將能量分為正向與負向兩種。只有嚴格地區分開來，你才會十分熟悉它們，輕鬆地掌握能量的流動方式。這些負向能量往往來源於內在的恐懼、焦慮與憤怒等，它們會不斷地削弱你的身體。除非你主動去尋找並及時克服它們，否則一定會遭受它們從內部的攻擊。接下來，你需要不斷地與那些負向能量抗爭，從中訓練自己應對消極情緒與負面事情的技巧。

在與負向能量抗爭的同時，你還需要激發正向能量「武裝」自己。這些能量來源於愛與喜悅，你要想像自己時刻處於這些和諧的能量之中。學會理解與鼓勵、仁慈與關愛，相信自己一定會做得很好。正向的能量是世間所有美好事物的集合，它蘊藏著可以助你完成所有心願的力量。如果說食物是你得以生存的能量之源，那麼正向能量就是你取得成功的精神食糧。

幾乎所有的成功（包括個人價值的體現、每一項發明與創造）都離不開人們的正向能量。如果沒有這股能量，我們的生活中不會有電和熱；如果沒有這股能量，我們不會乘坐到各種交通工具；如果沒有這股能量，我們也不會有平日的衣食住行。環顧四周，你會發現萬事萬物都是由正向的能量建成的，而這些力量正在一點點地累積，逐漸構築出我們生命中一切的美好，創造一切對我們有益的事物。因此，讓我們為心靈注入正向的能量，一起加入這個全新的能量系統中吧！

能量摘要>>>

※在剛剛出生時，你與本體是緊密聯繫在一起的。那段時間裡，你就是本體，而本體就是你自己。

※本體永恆地存在於生命形式的最深處，它雖然無形但不會被毀滅。當你全神貫注地臨在時，本體就會在沉靜的思想中慢慢向你靠近，直到被你感覺與觸碰。

※你可以站在一個全新的角度去聆聽內在，就像是在聽一隻小鳥鳴叫的路人，不帶有任何偏見，也沒有任何指責與批判。自己只是一個旁觀者，而你聽到的內容卻是內心深處最真實的聲音。

※一旦你不再認同現有的心智，它就會失去控制你的力量，那種不自覺的、不和諧的生活就會終結。

※你需要讓意識的焦點轉向自身之中，這樣本體的能量場——也就是你生命力的來源將會提供更強大的能量。這股能量來源於最真實的你，能將你從禁錮的形象中解脫出來，讓你體會來自能量源頭的純粹意識。

※只有埋葬了過去，不再執迷於舊有經驗的引導，傾聽自己內心最真實的呼喚，你才具備了尋回自我本來面目的條件。

※當你主動去尋找直覺、信任直覺，並且接受它所傳達給你的資訊時，你就會發現圍繞在你身

邊的指引越來越明顯、越來越強烈，而未來生活的方向也將更加清晰明瞭。

※ 當你感覺美好的時候，就不必去擔心生命中會出現負面的東西，因為你的意識、行動都是美好的，自然會吸引來同樣美好的事物。

※ 在每個當下覺知，不是源自於時間，沒有過去與未來。這個絕對的靜止不動是超越所有思想的，這個當下是無止境的。你不需要刻意地為未來去設想什麼，只是旁若無物地觀察這一刻發生的事情即可。

※ 在與負向能量抗衡的同時，你還需要激發正向能量來「武裝」自己。這些能量來源於愛與喜悅，你要想像自己時刻處於這些和諧的能量之中。學會理解與鼓勵、仁慈與關愛，你一定會做得很好。

第二章　內在的喜悅

我睡時夢見生命是喜悅，
我醒時明白生命是貢獻，
我做時發現貢獻是喜悅。

——【印度】羅賓德拉納特．泰戈爾

向內心最深的地方探索

在人內心最深的地方，存在著這樣一種能量——喜悅。你追求的許多外在的東西，如金錢、權力、地位以及愛情等，其實都是在追求它。渴求財富，是因為一旦擁有了它，你會覺得滿足與自豪；渴求愛情，是因為一旦擁有了它，你會覺得快樂與幸福。

那麼，有人會說：「這樣說來，喜悅就是快樂，當我感到快樂的時候，就會產生喜悅的感覺。」這句話其實只說對了一半，雖然你獲得快樂的時候內在會感到喜悅，但喜悅並不等同於快樂。快樂的過程是由外向內的，它需要有一個使你感到快樂的外在事物來引發。如果那個令你感到快樂的事物消失了，那麼快樂也會跟著消失。但喜悅不同，喜悅由內向外地綻放。你一旦擁有了它，無論外界如何變化，都不會奪走內在的喜悅。

當瞭解了喜悅是什麼之後，你接下來需要做的就是主動尋找喜悅，向內心最深的地方探索。經常感到喜悅的人，其內心深處存在著一幅有關喜悅的畫。這幅畫中勾勒出人們獲得喜悅後的狀態與圖景，但許多人的內在是沒有這幅畫的。如果內心沒有有關喜悅的畫面，你自然就無法看到自己獲得喜悅後的樣子，於是整日忙忙碌碌卻不能感受到喜悅。所以若想探索到喜悅的蹤影，你就需要在心中建立起這幅畫面，想像什麼樣的事情會讓你感到喜悅，想像自己如何才能獲得最大程度上的愉悅。當你的內在產生了這樣一種對喜悅的嚮往時，喜悅的力量也就會隨之產生。

喜悅產生於內在，也會從內在消失。當你遭受不平等對待，或生命中出現了坎坷，抑或失去了最寶貴的東西時，一些負面情緒與痛苦的念頭就會占滿你的全部心思，你自然也感受不到喜悅。在這個時候，你不要費盡心機地從外界尋找喜悅，而應在內心深處尋找它的蹤影。也就是說，喜悅由哪裡消失，你就需要從哪裡尋找。但是許多人往往意識不到這一點，他們始終認為：「只要掌控了外界的局面，就能獲得最大的喜悅。」於是，人們極力地扭轉身邊的各種人、事、物，盡量讓這些與自己的需求同步，認為這樣就能感到喜悅。但結果往往不盡如人意。在與外界的對抗中，煩惱一個接一個地到來，阻礙也應接不暇。人們手忙腳亂地處理各種外界的危機，連停下來喘息的機會都沒有，也就更沒有時間去尋找喜悅。

事實上，無論平息外界多少的問題，從中獲得了多少短暫的快樂，只要內心還在「戰爭」，就永遠無法獲得真正的喜悅。因此，你必須留意每一件令你感到溫馨的事，或注意聆聽那些美妙的聲音，或經常擁抱你愛的人，這樣你就會發現身邊到處都存在著令自己感到喜悅的事物。你需要激發起喜悅的力量，讓自己時刻處於一種最穩定和諧的狀態中。哪怕生活中出現再多阻礙與困難，哪怕你失去了再多東西，它們都無法奪走你內心的喜悅，因為那時喜悅早已經駐紮在你的心底，而它的能量也散發到你全身了。

遵從你歡愉的本性

在常人看來，人世的各種悲歡離合常常會引起很大的情緒波動。人們因害怕或極力避免這些情況的出現而患得患失，從而影響了自己的生活。此類想法一旦積蓄得太多太久，難免會引來無窮的負向能量，讓你的內心失去體驗喜悅的功能。

幸福與苦難、快樂與悲傷、得到與失去，所有這些事情都同樣發生在善人與惡人身上。它們並不會使你變好或變壞，也不能真正影響到你歡愉的本性。真正影響你失去喜悅感受的是你自己對事物的看法。其實，事物消失得都很快，當你為了失去的東西而感到悲傷的時候，那些對你造成消極影響的負向能量也會很快消失。

賈西雅在維倫公司擔任高級主管，待遇優厚。很長一段時間，她都為到底去什麼地方度假而煩惱。但是情況突然就變得糟糕起來，為了應對激烈的競爭，公司開始裁員，而賈西雅則是被裁掉的一員。那一年，她43歲。

她被解雇不久，在街上遇見了一位好友，她對好友說：「我在學校一直表現不錯！但沒有哪一項能力特別突出。後來，我開始從事市場銷售。在30歲的時候，我進入了維倫公司，擔任高級主管。我以為一切都會很好，但是當宣佈裁掉我的一剎那，那種感覺就像有人給了我一拳，簡直糟糕透了。」

賈西雅雖然過了一段灰暗的日子，但她並沒有消沉。不久之後，賈西雅憑藉自己的優勢找到了新的工作，並在兩年後擁有了一家自己的諮詢公司。當賈西雅再次與好友相聚時，她感慨地說：「被裁員是一件糟糕的事情，但那絕對不是地獄。也許，對你自己來說，可能還是一個改變命運的機會，比如現在的我。重要的是如何看待，我不能因為外界強加的壓力而否定我的本性，我需要為自己創造超越壓力的好心情。」

賈西雅是幸運的，也是聰明的。幸運的是，她的本性是如此的積極歡愉；而聰明的是，她沒有被外界的壓力所擊垮，並且認識到了自己的本性，讓喜悅的能量引領自己超越了壓力，從而創造了全新的自己。實際上，每一個本真的自我都是喜悅的，只是我們經常被這樣那樣的外界幻象迷惑了頭腦與心靈，因而丟失了自己歡愉的本性。

人的本性，不是在痛苦裡絕望，而是要懂得在絕望裡找到希望。而我們也應該遵循這一本性，即使飽受痛苦的洗禮，也要歡愉如常。你可以時常告訴自己：人生充滿了樂趣。你有掌控人生的力量，因為內在的喜悅會為你創造一種無窮大的能量，它可以為你吸引一切喜悅的事物，可以讓你用喜愛的方式去生活、去工作，並且讓你利用那種能量來設計你精彩紛呈的人生。你需要遵從自己歡愉的本性，因為你的本性中永遠都充滿著喜悅的力量。

愉快地接受不可控制的事物

現實中的我們總是被諸多東西束縛，從而阻礙了自身能量的產生與釋放。當我們擁有了追求某一件東西的能力，並投入了精力的時候，我們就想要追逐更多的東西。而一旦在追逐的過程中那些我們想要征服的東西開始不受控制，我們必然會因此意志消沉、鬱鬱寡歡，最終往往也會被這些東西束縛。試想一下，如果一個人內心的喜悅被這些外物所套牢，那麼還怎麼去發現生活中的美好呢？

電影《監獄風雲》中有位叫亨利的男人，因法官誤判而被送進了監獄。他在監獄中被獄官吊了好幾天，但仍然滿面笑容地對獄官說：「謝謝你們治好了我的背痛！」後來，獄官又把他關到了一個錫箱中，箱子因為被陽光直射而變得熾熱，但亨利絲毫沒有受到打擊，居然要求獄官再讓他待一天，因為他覺得十分有趣！獄官看他更不順眼，最後把他和一位兇殘的殺人犯關進一間密室中。這名殺人犯在監獄中無人敢惹，獄官本想借他人之手好好「教訓」亨利一頓，可當他們再回到這間密室的時候，卻發現亨利和殺人犯在笑著玩撲克！

在那麼多不可控制的事物面前，亨利不但沒有束縛住自己，反而愉快地接受了每一件「折磨」自己的事。正是因為他始終保持著這種愉快的心情，無論遇到怎樣的困境，他都會用喜悅的內心坦然接受。

我們每個人或多或少地都有遇到困境的時候，而多數的困境與亨利的遭遇相比都十分不值一提。即便如此，這些「不值一提」的、無法控制的困境也會讓許多人一蹶不振、鬱鬱寡歡。例如你發自內心地喜歡一隻小狗，本體的喜悅產生了愉快的能量場。在與小狗的接觸過程中，你會持續地感覺到內心的喜悅。但是，不幸的事發生了——小狗失蹤了。你為此找遍了大街小巷，甚至在報紙上貼尋狗啟事，但最終還是沒有尋回那隻小狗。於是，你開始悲傷、開始懊惱，身邊愉快的能量場也因此變得越來越弱，最後消失不見。

在這種時候，請別忘記你的內心深處還存在著喜悅的力量。它恰好是你擺脫所有困境的終極武器，讓你在無法控制的事物面前也不會被負向能量吞噬。小狗的走失是你生活中一次不可控制的事件，對待這類不可控制的事件，你需要以這種方式提醒自己：你愛的東西不屬於你，你只是暫時擁有它們，而並非永遠擁有。如果你執著地想要挽回那些不可挽回的事情，就像是想在冬天去摘秋天成熟的果子一樣，是不可能做到的。生活的意義並不是要讓自己一次又一次地陷入不幸之中，你需要摒棄那些負向的情緒，再次尋回內在的喜悅。只有保持這種愉悅的能量場，所有好的事物才會再次被你吸引回來。也許某一天的清晨，當你打開房門時，忽然發現那隻走失的小狗又搖著尾巴等待著你起床……

如果你在海邊居住，就不要總想著在山裡該如何生活，或是在山裡生活能獲得怎樣的快樂。你應該想的是：怎樣才能讓自己在海邊生活得更美好、更快樂。你的喜悅要遵從內心的感受，而不是受外界因素的干擾。你不能故意製造出阻礙你能量場和諧的因素，而是要愉快地接受所有不可控制的事物，內心的喜悅才會讓你身邊充滿正向的能量場，使你一直處於和諧與美好之中。

解除對痛苦之身的認同

痛苦之身是一個暫時存活在你體內的能量場，因過去發生的一些事情而存在，並時刻強迫你接受它的掌控。人們對痛苦認同，自然就無法感知內在的喜悅，因此，各種肉體的疾病與精神的疲累都會給人們的身心造成不同程度的折磨。但是，所有的痛苦其實都是虛幻的。也就是說，人類絕大部分的痛苦都是毫無意義的。

任何痛苦的事都可以喚醒你體內的痛苦之身，也許是枯燥的工作，也許是不幸運的命運。只要還沒有解除對它的認同，你就無法逃開痛苦之身帶來的糾纏。

*1985*年，美國女孩辛蒂還在醫科大學念書。有一次，她到山上散步，帶回一些蚜蟲。在實驗室，她拿起殺蟲劑為蚜蟲去除化學污染時，感覺到一陣痙攣，她原以為那只是暫時性的症狀，

誰料她的後半生從此陷入不幸中。殺蟲劑內所含的某種化學物質使辛蒂的免疫系統遭到破壞，使她對香水、洗髮精以及日常生活中接觸的一切化學物質過敏，連空氣也可能使她的支氣管發炎。這種「多重化學物質過敏症」，一直以來無藥可醫。

起初幾年，她一直流口水，尿液是綠色的，有毒的汗水刺激背部形成了一塊塊疤痕。她甚至不能睡在經過防火處理的床墊上，否則就會引發心悸和四肢抽搐。後來，她的丈夫用鋼和玻璃為她建了一間無毒房間，一個足以逃避所有威脅的「世外桃源」。辛蒂所有吃的、喝的都得經過選擇與處理，她平時只能喝蒸餾水，食物中不能含有任何化學成分。很多年過去了，辛蒂沒有見過一棵花草，感覺不到陽光、流水和風。她躲在沒有任何飾物的小屋裡，飽嘗孤獨之苦，甚至不能哭泣，因為她的眼淚跟汗液一樣也是有毒的。

然而，堅強的辛蒂並沒有在痛苦中自暴自棄，她一直在為自己，更為所有化學污染物的犧牲者爭取權益。1986年，她創立了一個專業網站，以便為那些致力於此類病症研究的人士提供一個窗口。1994年，辛蒂又與另一組織合作，創建了化學物質傷害資訊網，保障人們免受化學物質的威脅。目前，這一資訊網已有來自32個國家的五千多名會員，不僅發行了刊物，還得到美國、歐盟及聯合國的大力支持。在面對記者的採訪時，她說：「如果是曾經的苦難換回了今天的成績，那麼我所承受的一切痛苦都是值得的。」

辛蒂雖然沒有戰勝病魔，但她戰勝了自己的痛苦之身。她在見不到陽光、流水的無毒房間中飽嘗了常人無法理解的痛楚。但是，她沒有對痛苦之身認同，反而為整個世界做出了巨大的貢獻。正是由於辛蒂擁有一股最強大的心靈能量，才能讓她不懼怕痛苦，從而綻放出喜悅之花。

解除痛苦之身的重要方法就是尋找它、觀察它，從而看出它的真實面目。你需要注意自己內心深處任何不快樂的東西，如煩躁、憂鬱、憤怒等，因為這些即將變成你的痛苦。當你發現了內在產生這些負面情緒時，就要馬上盯住它們。接下來，你需要做的不是與痛苦之身對抗，而是將意識帶入其中，沒有任何偏見、沒有任何抵觸地去看待自己的痛苦。你此時是以一個觀察者的角度在解除對它的認同，此時的痛苦之身彷彿被你孤立出來，再沒有任何「興風作浪」的能力。在這個過程之後，它可能還會在你體內存活一段時間，也許還會造成一些細微的不適感，但這已經不重要了，你已經不再對它認同，這種感覺自然不會長久。

一旦你觀察到了自己體內存在著怎樣的痛苦，也就意味著你將意識之光引領到那片痛苦之中，那麼痛苦之身自然會被瓦解。只要以一個旁觀者的角度去看待你的痛苦，你就不會再受到它的糾纏。因為你是有意識的，而你的意識也將引領你超越痛苦，獲得內在最純粹的能量。

用喜悅與積極指引行動

命運的突變總如晴天霹靂一般，讓前一刻還沉浸在幸福中的人們剎那間喪失了所有的歡樂。有多少人因為命運的突變而走向衰落，又有多少人因為經不起命運的打擊而墮落沉淪，數不盡數。人們習慣於在面對這些突變時抱怨連連、憂心忡忡，卻不懂得如何利用內心的喜悅與積極指導自己的行動。

列夫．托爾斯泰在他的散文名篇《我的懺悔》中講了這樣一個故事：

一個男人被一隻老虎追趕而掉下懸崖，慶幸的是，在跌落過程中他抓住了一棵生長在懸崖邊的小灌木。但他很快發現，頭頂上那隻老虎正虎視眈眈，低頭一看，懸崖底下還有一隻老虎，更糟的是，兩隻老鼠正忙著啃咬懸著他生命的小灌木的根鬚。絕望中，他突然發現附近生長著一簇野草莓，伸手可及。於是，這人拽下草莓，塞進嘴裡，自語道：「多甜啊！」

當痛苦、不幸與危難向故事中的男人逼近時，他居然還能快樂地享受野草莓的甜蜜滋味，這種苦中作樂的精神實在令人佩服。可以肯定的是，他的內在存在著喜悅之情，否則不會在絕望之中有尋找美好事物的心境。

生命其實很簡單，只有好壞之分：你的身體健康，或是疾病纏身；工作順利，或是困難重重；家庭和睦，或是永遠無法停止爭吵……而生命之所以會分出好壞，正是由你自己判斷的。你若是用消極與痛苦指引行動，就必然會形成一個負向的能量場，你就會生活在這個充斥著各種負向情緒與能量的中心，事情只能朝著更差的方向發展；但你若是用積極與喜悅指引行動，就必然在身邊形成一個正向能量場，你身邊所有的事以及將要發生的事都會向好的方向發展。

1914年，大發明家湯瑪斯．愛迪生的實驗室發生了一場大火，損失超過200萬美元。他一生的心血也在大火中化為灰燼。

大火燃燒得最凶猛的時候，愛迪生的兒子查里斯在濃煙和廢墟中發瘋似的尋找他的父親。他最終找到了：愛迪生平靜地看著火勢，他的臉在火光搖曳中閃亮，他的白髮在風中飄動。「查里斯，快去把你母親找來，她這輩子恐怕再也見不著這樣的場面了。」第二天早上，愛迪生看著一片廢墟說：「災難自有它的價值，瞧，我們以前所有的謬誤過失都被大火燒了個一乾二淨。感謝上帝，這下我們又可以從頭再來了。」

火災之後不久，愛迪生的第一部留聲機就問世了。

在這場火災之中，我們看到了一個積極樂觀的靈魂。面對如此巨大的災難，愛迪生沒有盯著災難本身，因而陷入巨額損失的痛苦之中，而是把眼光放在了美好的事情上。正是因為他的內心充滿喜悅，才會在任何外界的磨難背後看到希望的光芒。他用喜悅與積極引導著自己的行動，以至於任何傷痛與損失都無法奪走他自身的力量。

命運是一種充滿了顛沛流離的遊戲，向四面八方鋪延開，從不重複。你無法阻擋命運的進程，但是你能改變自己的行動。無論何時，請保持內心的喜悅，並用這股積極的力量去面對磨難、積極行動。當你把積極喜悅的能量傳遞給外界，你得到的必然是積極喜悅，而你也必定會擁有積極的人生。

活出真性情的人生

世界上有兩種花，一種花能結果，一種花不能結果。能結果的花每每到了開花的時節，總是把自己最美的一面展示給人們，而在花朵凋謝之後，又默默無聞地醞釀著豐碩的果實。它們不貪圖人們的誇獎，不在乎花期的長短，只是真真正正地活出自己，綻放出生命的喜悅。

而那些不能結果的花，肆意地綻放，沒有任何目的，沒有任何理由，讓每一片花瓣都沐浴著陽光。它們只是為自己而開，為自己的生命而活。也許花期很短，但它們無怨無悔，哪怕是花期很短的曇花，也為自己曾經綻放過而感到喜悅和充實。

人也像花一樣，有的人能「結果」，成就一番事業；而有的人不能「結果」，一生沒有什麼建樹，只是一個普通人而已，但他們依然活得很快樂、很充實。很多時候，我們對於成功的定義總是太過於狹窄，把名譽、金錢、地位和世俗認可的一切當作成功。其實，只要讓自己的內心充滿了喜悅，做喜歡的、契合自己性格的事情，讓自己活出真性情的人生，「結果」與否又有什麼區別呢？

但很多人不會這麼想：窮人總希望能變得富有，而富有了以後又總希望自己可以再富裕一些。因此，他們永遠不會滿足，賺錢便成了他們的唯一目的，而這些外在的因素也必然會阻礙你內心能量的流動，蒙蔽了你內在的喜悅之情。一個人在衡量任何事物時，都不應考慮它們能給自己帶來多少利益，看重的應是它們在生活中的意義。人活在世上，只有做自己真正喜愛的事，才會讓自己的內在充滿喜悅，讓生活更有意義。

英國著名學者羅素在他的《我為何而生》中寫道：對愛情的不可遏制的探究，對真理不可遏制的追求，對人類苦難不可遏制的同情，是支配我一生的單純而強烈的三種感情。這些感情如一陣風，吹拂在我動盪不定的生涯中，有時甚至吹過深沉痛苦的海洋，直抵絕望的邊緣。

羅素一生都在追求真（真理）、善（同情）、美（愛情），因此，他永遠會感覺到喜悅，他的人生也是單純而美好的。人生中一切美好的事情，在於事情本身能給人陶醉和滿足。愛情的美好在於相愛的陶醉和滿足，而不是有朝一日締結良緣；追求真理的美好在於在探求過程中的陶醉和滿足，而不是有朝一日名揚四海；同情的美好在於為良知辯護過程中的陶醉和滿足，而不是天長地久的守望。

一個人不管在社會上打拼多久，如果沒有真情，沒有飽滿的情感內涵，他就不會感到溫暖。

因為有真情，人類才可以對抗冷酷、殘忍和無奈；因為有喜悅，人類才可以處處發現美好。林語堂先生說過：「一個熱情而有情感的人，或許會做一些愚蠢或魯莽的事，可是一個無熱情也無情感的人卻像是一個笑話或一幅諷刺畫。」假如你想擁有最純粹的能量源，就請實現內心的喜悅，讓自己擁有一個真實的自我，擁有一顆積極飽滿的心靈，從而活出真性情的人生。

能量摘要 >>>

※ 喜悅由內向外地綻放。你一旦擁有了它，無論外界如何變化，都不會奪走內在的這股能量。

※ 你必須留意每一件令你感到溫馨的事，或注意聆聽那些美妙的聲音，或經常擁抱你愛的人，這樣就會發現身邊到處存在著令自己感到喜悅的事物。

※ 真正影響你失去喜悅感受的是你自己對事物的看法。其實，事物消失得都很快，當你為了失去的東西而感到悲傷的時候，那些對你造成消極影響的負向能量也會很快消失。

※ 你有掌控人生的力量，因為內在的喜悅會為你創造一種無窮大的能量，它可以為你吸引來一切喜悅的事物，可以讓你用喜愛的方式去生活、去工作，並且讓你利用那種能量來設計你精彩紛呈的人生。

※ 生活的意義並不是要讓自己一次又一次地陷入不幸之中，你需要摒棄那些負向的情緒與能量，再次尋回內在的喜悅。

※ 如果你在海邊居住，就不要總想著在山裡該如何生活，或是在山裡能獲得怎樣的快樂。你需

要讓自己想的是：怎樣才能讓自己在海邊生活得更美好、更快樂。

※你需要注意自己內心深處任何不快樂的東西，如煩躁、憂鬱、憤怒等，因為這些即將變成你的痛苦。一旦你觀察到了自己體內存在著怎樣的痛苦，也就意味著你將意識之光引領到那片痛苦之中，那麼痛苦之身自然會被瓦解。

※你若是用積極與喜悅指引行動，就必然在身邊形成一個正向能量場，你身邊所有的事以及將要發生的事都會向好的方向發展。

※無論何時，請保持內心的喜悅，並用這股積極的力量去面對磨難、積極行動。

※人活在世上，只有做自己真正喜愛的事，才會讓自己的內在充滿喜悅，讓生活更有意義。

第三章　靜謐之心

生活的混亂源自於我們的欲望和恐懼。

世界上沒有什麼方法、理論、權威、導師或知識，沒有任何東西能幫助我們平靜。

要過一種平靜恬淡的生活，其實只需要一顆平靜的心即可。

——【印度】吉杜．克里希那穆提

感知源自於思想的沉靜

我們在思想沉靜的時候會產生愉快的振動頻率，在這樣一個愉悅的能量場中，所有美好和諧的事物都會圍繞在我們身邊。但因為我們的內心永遠在轉動不停，思維與情感過於繽紛絢爛，因而這種愉快的振動頻率往往無法被感知。也就是說，如果你想感知那種靜謐與平和的能量，只需要讓自己的思想沉靜下來，就能體驗到內在綻放的愉悅與靜謐。

近代英國哲學家貝克萊有一個著名的觀點：「存在就是被感知。」他認為我們的主觀精神如意念、思想、觀念、感覺、經驗、意志等是感知這個世界的基礎和根源，所有存在的東西都在等待我們的內心去感知，否則存在就沒有意義。父母給了我們寶貴的生命，配偶與孩子給了我們家庭的溫情和關愛，大自然的空氣、水提供給了我們能量……然而心煩意亂、內心不平靜的你是否能夠真實感知到這些存在？你能夠用不懂得靜謐與平和的內心來感知周圍的事物而不扭曲它們嗎？答案顯然是「不能」。

如果你想要瞭解某個事物，那麼內心應該是沉靜的，不被任何思想牽絆，只需要敏感的覺知即可。內心的思想必須把它以前累積的知識全部清除，否則就無法讓自己處於靜謐與平和的能量場之中。

內心的沉靜不僅是為了精神上的自由，也是為了理解那些我們先前無法理解的事實。當看到丈夫時，你的思想立即跳出來，提醒你昨天與他吵過架，並且他的言辭刻薄，對你大發脾氣。因此，你會認為今天的他也是如此，你帶著昨天舊有的思想和當下的這個人交往，你與他之間的衝突不斷，負向能量互相撞擊，最終導致你們無法自由、純粹地交往，你也無法感知到靜謐與平和。

因此，只有讓思想安靜下來，才能得到整體的感知。為了有效率和真正覺知自己內在與外在的事物，你必須有一顆安靜的心，因為靜謐與平和具有無比巨大的能量，它是所有能量的總和。當我們所有的思想都歸於沉靜時，我們的感知就會在這個靜謐的能量場中更加貼近真實。這種靜謐與平和不是夜深人靜時的靜寂無聲，而是指當思想及其所有相關的意象、言語和理解力完全停止時的寂靜。

美國的一位企業家就採取了這種讓思想沉靜的方法做事：他在做任何決定之前，都要把眼睛閉起來三分鐘。當人們問他為什麼要這樣做時，他是這樣回答的：「把眼睛閉上之後，我就能讓思想沉靜，而在這種沉靜的氛圍中，我能獲得更多的能量。」他正是在這種靜謐與平和的能量場中，讓自己的思維放鬆，從而讓感知更加真實的。

感知需要摒棄所有的語言。因為語言是思想，無法讓頭腦沉靜。在沉靜狀態下開始的行動完全不同於語言所引發的行動，敏感的覺知讓頭腦擺脫一切語言、意象和記憶。在靜謐與平和的能量場中，感知作為一種純真而又敏銳的覺知，它讓思想無法企及。要對生命進行全盤感知，你需要讓思想變得沉靜，讓自己獲得真正的靜謐，而在這種靜謐與平和之中，內在才會散發出和諧的能量場，而你的感知才會更加真實。

從無聲中觀察萬物

白居易在《琵琶行》中寫道：「別有幽愁暗恨生，此時無聲勝有聲。」在那個聲音漸漸消失，幽愁暗恨籠罩的空間中，「無聲」比「有聲」更能勾起聽者的情愫，而那種餘音嫋嫋的境界則更令人遐想。這種無聲的力量不輸於任何聲音，在這片空曠靜寂之中，你會看透世間萬物，因為你的內心無比靜謐安詳。

你可以想一下前一次安靜的時間：可能是一週前、一個月前，或者是你已經很久沒有體會過安靜的感覺了……的確，我們的生活總是被各種有聲的東西占據：嘈雜的街道、各種各樣的手機鈴聲、除草機的嘈雜聲以及汽車開過時的鳴響聲。一切都無法讓我們的生活安靜下來，一切都讓我們的內心莫名地緊張與喧鬧。也許在地球上，我們真的很難找到一個靜謐的空間。

但你可能習慣了這種有聲的世界：每天清晨一定要伴隨著鬧鐘的「提醒」而起床；開車或

坐公車時一定要聽著廣播或音樂；到了公司還會與同事唧唧喳喳地聊個不停；吃飯時也會選擇播放音樂的餐館，因為你覺得這樣顯得很有情調；到了晚上準時打開電視機看那些情愛綿綿的連續劇，甚至還會伴隨著花樣百出的廣告節目進入夢鄉……這樣一整天下來，你哪裡還有時間尋找無聲的世界呢？在這種有聲的氛圍中，如果你忽然進入一個無聲的世界中，那麼多少都會有些不安。

艾瑪．蓋茲博士是美國的大教育家、哲學家、心理學家、科學家和發明家，他一生中在很多領域有許多發明和發現。

拿破崙．希爾曾前往蓋茲博士的實驗室造訪他。但蓋茲博士的秘書對他說：「很抱歉，這個時候我不能打擾蓋茲博士。他正在靜坐冥想。」拿破崙．希爾忍不住笑了，但還是決定等著蓋茲博士。終於，當蓋茲博士走出實驗室時，他的秘書給他們進行了介紹。蓋茲博士高興地說：「你不想看看我靜坐冥想的地方，並且瞭解我是怎麼做的嗎？」於是，他帶著拿破崙．希爾到了一個隔音的房間。這個房間裡唯一的傢俱是一張簡樸的桌子和一把椅子，桌子上放著幾本白紙簿、幾支鉛筆以及一個開關電燈的按鈕。在談話中，蓋茲博士說，每當他遇到困難而百思不解時，就走到這個房間，關上房門坐下，關上燈，讓自己進入一個完全無聲的環境。他正是透過這種獨特的方式讓自己觀察萬物，才把別的發明家努力鑽研卻沒有成功的發明重新研究，最終獲得了*200*多項專利。

艾瑪．蓋茲博士為我們提供了一種讓思想沉靜的方法，那就是無聲的力量。如果世界上沒有絕對無聲的地方，你可以為自己創造一個無聲的小世界，就像蓋茲博士一樣，為自己建一個隔音的房間。房間中盡量不設置任何製造聲音的東西，相信在那樣一個靜謐無聲的環境中，你的內心一定會得到前所未有的清明，你也會以絕對清晰的判斷來觀察世間萬物。

當你用上述方法創造了一個無聲的世界時，你就是這個世界的統治者，你賜予它活動的時間與範圍，而這些無聲的能量也會對你無比忠誠。那麼，請給自己的子民自由的權利，讓它們隨時都能在你的周圍環繞，讓此時的你與它們融合成一個更完美的世界。在這個世界中，你將享受到以往無法體會到的寧靜與平和、靜謐與安詳。

進入徹底無為的冥想

你是否仔細聆聽過一朵花開的聲音，或是聆聽溪流拍打在腳面上的輕響？恐怕我們很少仔細去聽身邊的聲音。雖然身處鬧市，我們卻彷彿在周遭豎起了一塊隔音玻璃。即便如此，我們內心深處卻比最繁華的街道更加吵鬧。而唯有當你進入徹底無為的冥想時，這種吵鬧的狀態才會結束，你才會感受到那些不曾細細聆聽的曼妙之音。

「無為」並不是指沒有作為，而是不做那些沒有用的、沒有意義的或是無聊愚蠢的事情。無為就是不虛妄，把浪費在無意義的事情上的時間與精力省下來，投入到要解決的問題中去。而冥想則能終止人們的所有感受，使人進入徹底無為的狀態。無為的冥想可以讓我們心靈處於自由自在的狀態，沒有拘束，不受束縛。將內在能量全部集中於某一點，與宇宙的能量相連，進入一片安寧的世界。

冥想是讓人們獲得靜謐能量的一種有效方法，也是一種使內心獲得平靜的修心行為。瑜伽、氣功、靜坐等都是冥想的形式，也是較高層次的冥想。其實，有一種冥想的方法要簡單得多，你完全可以利用閒暇的時間進行一次類似的冥想。首先，在腦海中想像一件事、一個物體。它們可以是一件令你感動的事，或是你認為最美的景色，像是竹林、花海等；也可以想像你最喜歡的人或最愛的人，想像你們擁有的甜蜜過往。但條件是你喜愛的、憧憬的人或事，因為內在的喜悅可以為你建立起一個靜謐的能量場。而在這種靜謐與平和之中，你才可以達到冥想的高度。

冥想的要求只有一個，就是你的注意力是否集中。當集中全部注意力去冥想時，你所能得到的靜謐能量才會更純粹。因此，你可以把注意力集中在某一事物上，但是不要刻意去控制它，要輕柔地對待它。如果它溜走了，那你就應該溫柔地把它再帶回到冥想中。冥想的時候沒有固定的姿勢，你站著或坐著都絲毫不影響結果。

關於冥想，沒有任何定義或概念，只是一種讓你獲得靜謐能量的體驗。冥想乃是對人生的一種徹底的領悟，從其中自然能匯聚巨大的能量並指引正確的行動。你需要時刻保持清醒的意識，並關注身體內在與外在的變化。真正的冥想是保持一顆完全寂靜的心。在冥想中，你只需認識現狀，不用語言描述，不發表評論和觀點，只是觀察和聆聽。冥想可以迅速地使你進入一種靜謐的世界，約束你腦海中那些雜亂的思想，讓你身邊的能量場保持在穩定的狀態，匯聚全部正向能量於一點。

每個動作以及思想活動都需要各種能量，當你將這些能量耗費在各種各樣不必要的思想與情感中時，就會減少許多用於正確事情中的能量。而無為的冥想恰好可以使你認清這一點：不能將能量浪費在任何不值得的地方。無為的冥想十分必要，它可以讓你擺脫世間所有的繁雜與紛擾，讓你的思想與感覺完全沉浸在一種靜寂與平和之中，從而使你的內在釋放出最純淨的能量。

放鬆，將獲得靜謐與平和

生活壓力、職場壓力、情感糾紛無一不是生活在現代社會中的人的苦惱。每個人都想尋求一種平和的生活，但總是被形形色色的壓力「捉弄」得苦不堪言。當思維與感覺被外界的紛雜束縛時，人們體內的能量也因此而凝固，無法流動。

為此，你需要尋找一種重新獲得靜謐與平和的方法，重新啟動內在的能量，使之為你身體的各項活動提供最強大的支持。

有一個畢業於劍橋的人家庭和睦，事業有成，但他總覺得心靈太過於嘈雜而無法安靜地生活，到後來不得不去看心理醫生。於是，醫生給他開了4服藥。第二天，這個人依照醫生的囑咐來到海邊。他走到海邊時剛好是清晨，看到廣闊的大海，心情突然開朗起來。9點整，他打開第一個藥方，卻發現藥方上寫著兩個字——「諦聽」。他真的坐了下來，諦聽風的聲音、海浪的聲音，甚至聽到自己心跳的節拍與大自然的節奏合在了一起。到了中午，他打開第二個藥方，上面寫著「回憶」二字。於是他開始回想起自己從童年到少年的無憂時光，想起青年時期創業的艱苦，想到父母的慈愛、兄弟朋友的友誼，生命的力量和熱情重新在他的內心燃燒起來。下午3點，他打開第三個藥方：「檢討你的動機」。他仔細回想起早年創業的時候，只顧賺錢，為了自身利益，忘卻了對他人的關懷。想到這裡，他已深有感悟。到了黃昏，他打開最後一個藥方：「把煩惱寫在沙灘上」。他走到海邊的沙灘上寫下「煩惱」兩個字，潮起潮落之後，他再也找不到他的「煩惱」了。

醫生給這個人開的藥方恰恰是獲得靜謐與平和的方法，那就是——放鬆。當身心都處於疲憊煩躁的狀態時，人們靜謐的能量場自然會越來越少，最終會慢慢消失。而一旦這種能量消失，人們就無法讓生活再保持安靜與祥和。如果你想給自己一個寧靜平和的心靈空間，讓自己在毫無壓力的情況下盡情舒展，那麼，你可以嘗試下面的放鬆療法：

你可以在一個安靜的房間裡舒適地躺下來，舉起你的手臂，甩甩手，然後讓手臂自然地在身體兩側垂下來，閉上眼睛，想像自己正躺在海邊一個空曠的沙灘上。想像著潮水正湧過來，浪花輕拍著你的腳，慢慢地移動你的身體讓它浸在淺水裡。當海水繼續上升時，讓自己感覺漂浮起來，並被有節奏的海浪帶入海裡。感覺緩緩起伏的海浪，你隨著海潮的起伏而起伏。想像你正在一個浪頭上，當浪潮下降時，你在明亮的海水隧道中翻滾著。現在你被海浪沖回岸邊，躺在舒服溫暖的沙灘上。不要動，享受一下在自由和興奮交替之後的寧靜。

當我們緊張時，身體與情緒通常會出現僵硬的感覺：嘴巴會覺得乾，身體會覺得虛弱，而神經也會呈現出緊繃的狀態。可想而知，我們內在的能量此時也必定停止了流動。但是，當你嘗試放鬆之後，身體就會重新處於平靜與舒展的狀態，你的行為和感覺就不會雜亂無章，而你內在的能量也會慢慢啟動，呈現出一種和諧流動的狀態，像水一般輕盈地流淌。

時時保持內在世界的寧靜

有這樣的一個人，他把房屋建在人群密集的地方，卻感受不到世俗的喧囂與吵鬧。別人問他理由，他回答說：「因為我的心遠在鬧市之外，自然就會覺得住的地方清靜了。」

他戴上斗笠，彎下腰採摘籬笆下的菊花，正值深秋，菊花綻放得高貴而又優雅。他唇邊帶著一抹淺笑，抬眼望了望遠處連綿起伏的山巒。傍晚的山間，霧氣氤氳，像是仙境一般飄渺；夕陽西下，暮色四合，有著遠隔塵世的悠然。天空中的飛鳥劃過，結伴而歸，留下一串清脆的鳴叫。他輕輕一笑，頓時忘卻了所有的煩惱。

這個人就是陶淵明，他被後人稱為「隱逸詩人之宗」。他那顆清淨無塵的心並沒有被聲色犬馬所迷惑，而是辭官隱居，獲得了精神世界的安寧。也正如他所說的一樣：「結廬在人境，而無車馬喧。」他從紛亂複雜的環境中安然抽身，保持著清淨安寧的心緒，也自然會獲得「採菊東籬下」的靜謐與悠然。

每個人都努力為自己尋找退避之所——鄉間、海邊、山上的房子，認為這些寂靜的地方才稱得上「世外桃源」。殊不知，無論外在的環境如何寧靜，都算不上是真正的安寧。一個人若想獲得內在世界的寧靜，莫過於退入自己的靈魂之中，讓自己的心靈獲得靜謐平和的能量。

崛多禪師遊歷到太原定襄縣歷村，看見神秀大師的弟子結草為庵，獨自坐禪。

禪師問：「你在幹什麼呢？」

僧人回答：「探尋清淨。」

禪師問：「你是什麼人？清淨又為何物呢？」

僧人起立禮拜，問：「這話是什麼意思？請您指點。」

禪師問：「何不探尋自己的內心，何不讓自己的內心清淨？否則，讓誰來給你清淨呢？」

僧人聽後，當即領悟了其中的禪理：一個人無論處於什麼地位，過哪種生活，只要他內心寧靜、平和，就可以過得幸福。

禪師說得一點也沒錯，如果自己的內心不寧靜，那麼即使生活在桃花源中也不會真正感受到寧靜。與其千辛萬苦求諸外，不如回過頭來反觀自己的內在，因為只有在這裡，你才能得到真正的寧靜。

讓內在進入寧靜的最好方法，就是用想像力建造一間心理的小房間，用你最恬靜、最清新的一切材料來裝飾它。如果你喜歡繪畫，那麼就畫一幅絕美的風景；如果你喜歡作詩，那就吟誦一首美妙的詩歌。牆壁上的顏色是你所喜歡的，使你感到愉悅的顏色，但需要注意的是，你應該選擇寧靜的淡藍色、淺綠色、黃色、金色。這個房間的裝飾要簡潔而不紛亂，要乾淨且井然有序。這個房間要有安樂椅，從小窗望出去可以看到美麗的海灘，可以看到拍擊海灘又退回去的海浪，但是你聽不到聲音，因為你的房間很安靜。

內在世界的寧靜可以在你的周圍建立一個和諧而又靜謐的能量場，在這個能量場中，任何不和諧的、吵鬧的聲音都會被自動遮蓋掉。這並不意味著要你逃離外部世界，而是讓你在內心塑造一個堅實的自我，讓你以十分悠閒的姿態生活在這個世界上，與周圍的一切人與物和平相處。因此，你需要不時地集中精神洞察內心世界，偶爾讓心靈退隱，意識到自己內心深處是否安靜與滿足。那麼無論所處的環境如何，都無法撼動你的思想，無法觸動你內在靜謐的能量了。

重新獲得敏感的心

2010年南非世界盃足球賽最令人難忘的一大特色是「嗚嗚茲拉」。嗚嗚茲拉最早起源於用非洲羚羊角製成的一種用來趕狒狒的發聲工具，這種樂器發出來的聲音混沌、嘈雜、不著調、難以名狀，它出現在每一場大大小小的比賽中。除了南非本國，絕大多數國家的觀眾和世界盃的參賽隊員對嗚嗚茲拉發出的聲音都異常不習慣甚至反感和討厭。所以，參賽隊員和觀眾們不得不在比賽時戴上耳塞以抵制那蜜蜂般的嗡嗡聲的干擾。在古老的非洲，嗚嗚茲拉在祖魯語中就是「製造噪音」的意思，用於召集部族成員集會。南非人民對嗚嗚茲拉情有獨鍾，認為在比賽場上有了那種嗡嗡的聲音，便擁有了激情，完全是一種享受。

人們對聲音有著不同的感受與偏好。這個世界上充滿了各種各樣或美妙或怪異的聲音，人們也正在製造越來越多新的聲音，音樂聲固然可以讓我們一飽耳福，但是更多的噪音也正充斥著我們的耳朵與大腦。這也是為什麼我們的心變得難以平靜和不敏感的原因之一。有些人討厭噪音，也就自然而然地抵制噪音，就像抵制所有的痛苦與不快樂的東西一樣自然。但也有一些人習慣了身處各種繁雜的聲音之中，如果身處靜謐無聲的環境，則會心神不寧。

一個生活在鬧市中的男人利用假期到一座山中旅行。這座山裡鮮有人煙，只是偶爾出現幾聲蟲鳴與鳥叫。夜晚，男人翻來覆去地睡不著覺，因為他已經適應了鬧市中的各種聲音，此時的寧靜他實在受不了。從那以後，男人每次去郊外旅行，總要帶上一個自己錄製聲音的播放機。這個播放機裡存儲的不是音樂，而是繁華街道上的一段「噪音」。於是，他在每一個寧靜的夜晚戴上耳機，「享受」著那些噪音，反而很快就進入了夢鄉。

故事中的男人習慣處於噪音之中，他的內在迫使他必須尋找噪音，因而一切靜謐的氛圍都會讓他不安與焦躁。這無疑是屬於現代人的悲哀。的確，我們的生活中充滿了各種聲音。對於靜謐的世界，心靈竟然會產生不適應的感覺。其實，你可以深入地思考這樣一個問題：你聽到的噪音，是真的噪音，還是意識中對它產生了煩惱？當你思考這個問題時，你就會發現，判斷一種聲音是悅耳的還是嘈雜的，完全建立在「我」的基礎上，而不是客觀事實。

是否抵制噪音對心靈來說有著很大的差別。因為每一種形式的抵制都會加強衝突，而衝突造成了不敏感。如果你不去譴責和抵制噪音，你會發現它們不再干擾你。正如你不去譴責痛苦、恐懼、嫉妒、憤怒一樣，只有全心全意地觀察它們、正視它們，在每一次它們出現的時候都不刻意抵制，你的心靈才會逐漸變得自由而敏感。

聲音本無好壞之分，也許在你睡意正酣的時候會認為蟬鳴是一種噪音，而當你精神飽滿地穿行於樹林中時，反而認為蟬鳴的聲音更能襯托天地間的空靈。尋求靜謐與平和的環境很簡單，如果你能讓心變得敏感起來，不再刻意地判斷哪些聲音悅耳、哪些聲音嘈雜，相信你就能體會到每一種聲音背後的能量。

能量摘要 >>>

※ 如果你想要瞭解某個事物，那麼內心應該是沉靜的，不被任何思想牽絆，只需要敏感的覺知即可。

※ 當所有的思想都歸於沉靜時，我們的感知就會在這個靜謐的能量場中更加貼近真實。這種靜謐與平和不是夜深人靜時的靜寂無聲，而是指當思想及其所有相關的意象、言語和理解力完全停止時的寂靜。

※ 你就是無聲世界的統治者，你賜予它活動的時間與範圍，而這些無聲的能量也會對你無比忠誠。那麼，請給自己的子民自由的權利，讓它們隨時都能在你的周圍環繞，讓你此時的環境與它們融合成一個更完美的世界。

※ 當集中全部注意力去冥想時，你所能得到的靜謐能量就會更純粹。因此，你可以把注意力集中在某一事物上，但是不要刻意去控制它，而要輕柔地對待它。如果它溜走了，那你應該溫柔地把它再帶回到冥想中。

※ 真正的冥想是保持一顆完全寂靜的心。在冥想中，你只需認識現狀，不用語言描述，不發表評論和觀點，只是觀察和聆聽。

※當你嘗試放鬆之後，身體就會重新處於平靜與舒展的狀態，你的行為和感覺就不會雜亂無章，而你內在的能量也會慢慢啟動，呈現一種和諧流動的狀態，像水一般輕盈地流淌。

※內在世界的寧靜可以在你的周圍建立一個和諧而又靜謐的能量場，在這個能量場中，任何不和諧的、吵鬧的聲音都會被自動遮蓋掉。這並不意味著要你逃離外部世界，而是讓你在內心塑造一個堅實的自我，讓你以十分悠閒的姿態生活在這個世界上，與周圍的一切人與物和平相處。

※你需要不時地集中精神去洞察內心世界，偶爾讓心靈退隱，意識到自己內心深處是否安靜與滿足。

※如果你不去譴責和抵制噪音，你就會發現它不再干擾你。正如你不去譴責痛苦、恐懼、嫉妒、憤怒一樣，只要全心全意地觀察它們、正視它們，在每一次它們出現的時候都不刻意抵制，你的心靈就會變得自由而敏感起來。

※尋求靜謐與平和的環境很簡單，如果你能讓心變得敏感起來，不再讓頭腦刻意地判斷哪些聲音悅耳、哪些聲音嘈雜，相信你就能體會到每一種聲音背後的能量。

第四章　思想與品格

一個人就是他的實際所想，
而他的品格則是他所有想法的總和。

——【英國】詹姆斯·艾倫

人活在思想的甘苦果實裡

請試想種植蘋果的過程：選擇一粒飽滿健康的種子，尋找一塊陽光充沛的地方，把這粒種子小心地埋進土裡。發芽之後為它施肥、捉蟲、清除雜草，到它長成一株樹苗的時候，你一定會欣喜地喊道：「看，我種的蘋果樹長大了！」後來，它開了花，並孕育出鮮紅的果實。收穫果實的那一刻，也是你收穫喜悅與興奮的時刻。

也許你還會很驚奇：那麼一顆小小的種子，居然能結出這麼多甜美的果實！的確，種子雖然小，卻是孕育果實的基礎。正如任何植物的生長都離不開種子一樣，人類的種種行為都源於隱藏在身體內部的思想種子。

每一顆播種的或偶然落入腦海中的思想種子都會孕育出獨特的果實。它慢慢地在你腦海中扎根、成長、開花、結果，這一連串過程都會影響你不同時刻的不同行為。好思想結出甘甜多汁的果實，壞思想結出苦澀乾癟的果實，因此，人們常常在收穫的時候既收穫了甜蜜，又收穫了痛苦。人始終是活在這種甘甜與苦澀夾雜的思想果實中的，但無論結果如何，這些思想都是自己親手栽種的。因而，你若想獲得甘甜飽滿的果實，就需要為自己選擇一枚健康的種子，這樣才會在健康的思想引導下獲得無窮的能量。

有這樣一則新聞：

有一名男子在過馬路時不慎被車子撞倒而喪命。驗屍報告說，這個人有肺病、潰瘍、腎病和心臟衰弱。可是，他竟然活到了84歲。為他驗屍的醫生說：「這個人全身是病，一般情況下，30年以前就該去世了。」有人問他的遺孀，他怎麼能活這麼久？她說：「我的丈夫一直確信，明天他一定會過得比今天更好。」

這位老人的思想是健康向上的，因此他也收穫了甘甜的果實——活到84歲的高齡。他的那句「明天一定會過得比今天更好」，不僅是一句樸實無華的話，還是一種積極樂觀的思想。如果一個人心存消極思想，是一件很危險的事。

正如那些身患絕症的人，他們很多不是被疾病打敗，而是被自己消極的思想打敗的。當你產生消極負面的思想時，你全身上下的細胞都接收不到健康的養分與能量；當你產生健康積極的思想時，你全身上下的細胞都會收到你傳遞的無窮能量。

不同的思想孕育出不同的果實，而不同的果實又提供給人們不同的能量。你必須時刻關注你的內在，為自己播下積極的思想。你還需要像為蘋果樹捉蟲除草一樣，剔除內心中那些不健康的、有礙自身發展的因素。只有這樣，你才能讓思想保持純淨。你應該嘗試把內心的消極思想全部替換：把「困難」替換成「轉機」，如不再想「這項工作很困難」，而要想「這項工作存在著轉機」；把「磨難」替換成「旅程」，如不再想「我的人生磨難重重」，而要想「我的人生是一次跌宕起伏的旅行」；把「遭受」替換成「享受」，如不再想「我遭受了挫折的打擊」，而要想「我享受著挫折帶來的挑戰」。

每個人都有自己的思想，那顆微不足道的思想的種子會將人們帶上不同的命運之路。所以，無論你此時境況如何，都請善待你的思想，對你的思想說聲「謝謝」，因為這些思想的種子讓你獲得現有的生活。同時，請忽略掉它將你引向了不美好的生活，因為唯有你為它付出了關愛，它才會發現自己的重要性並積極發揮作用。你可以細心地為它除草捉蟲，也就是從後天彌補這顆種子的不足與缺陷。相信藉由你的細心培養，你必然能收穫一片金燦燦的希望之果。

保持那些高貴的品格

在茫茫的西部戈壁上，有這樣一種樹：它沒有柳樹那婀娜的身姿，也不像松柏翠竹那般四季常青。它從破土而出的那一刻起就生活在焦灼的陽光、燥熱的空氣之中。它的周圍沒有潺潺溪水，也沒有鮮花簇擁，它看見的，只有無邊無際的乾裂土地與永遠似火的驕陽。

生活在它的面前呈現出一片絕望的景象，注定了它會一輩子深植於戈壁。但卻沒有因此而倒下，更沒有因這種令人絕望的環境而退縮，而是時刻保持著那種高貴的品格，它對自己說：

「命運已經如此，除了頑強地迎接每一次挑戰，別無他法！」而它也做到了，陽光太強烈，它就努力伸展著枝葉為自己納涼；水分太少，它就拚命向土地的深處汲取營養。

它就是胡楊，一種被稱為「生長千年不死，死後千年不倒，倒地千年不腐」的沙漠衛士。每一個經過它身旁的旅人，沒有一個人不為它的美而感動。這種美是野性的，是令人折服的。它的存在不僅點綴著荒蕪的戈壁，更激勵著每一個從它身邊經過的人。它用三千年的生命去思考，而我們為何不像它一樣，保持積極思考，讓自己迸發出強勁雄厚的能量，讓那些高貴的品格為自己指引命運的方向呢？

《易經．賁卦》有云：「九三，賁如，濡如，永貞吉。」意思是說：「修飾得很俊美，光澤柔潤，永遠守持正道才是吉利的。」其實不管外表修飾得多麼俊美，內心永遠守持正道才是最重要的，真正的高貴源自內在。人本身並無高低貴賤之分，但由於每個人內在靈魂的巨大差異，才分出了高貴與平庸。

貝多芬，人類歷史上偉大的音樂家，世界上無數的人被他的音樂感動。震撼人們的不僅僅是他的音樂，還有他的苦難、他的歡樂、他的勇氣、他的高貴靈魂！貝多芬總是高高昂起他的頭，從不獻媚於任何人，顯示出比貴族還要高貴的氣質。

有一次，利西諾夫斯基公爵的莊園來了幾位「尊貴」的客人，是侵占了維也納的拿破崙軍官。當時貝多芬在公爵的莊園裡，公爵便請貝多芬為他們演奏一曲。貝多芬不願為侵略者演奏，斷然拒絕，在傾盆大雨中憤然離去。回到住處，他把利西諾夫斯基公爵給他的胸像摔個粉碎，並寫了一封信：「……公爵，你之所以成為一個公爵，只是由於偶然的出身；而我之所以成為貝多芬，完全是靠我自己。公爵現在有的是，將來也有的是，而貝多芬只有一個！」

正如貝多芬所言，由於偶然的出身，這個世界上確有過無數的公爵。然而，歷史最公正，時光最無情，當這些顯赫一時的公爵一個個灰飛煙滅，消失在歷史的長河中時，貝多芬卻沒有從人們的記憶中消失。貝多芬沒有高貴的出身，卻有不朽的作品，它們為貝多芬贏得了無數的榮譽，也為他築起了一座無形的豐碑。要知道人們從來就不承認世俗的冊封，他們所首肯的永遠是那些讓他們心悅誠服的高貴靈魂。

儀表美醜、出身高低、財富多少都不能代表一個人的品格。品格的高貴體現在人類的心靈上。它是一種內在的、深沉的、由內而外自然散發的能量，這種能量豐富而有內涵、有獨特的思想與見地，因此能使你全身上下充滿強大的力量。哪怕你此時陷入人生的谷底，只要你還保持著高貴的品格，還有一顆高貴的靈魂，那麼你的人生總有一天會綻放出耀眼的光芒。

意圖心也是一種思想能量場

意圖心是一種思想能量場，可以將我們與世間萬物聯繫起來，引導我們內在的最佳特質去實現某個願望。當感受到某個念頭時，就表示你的意識向你傳達了某種意圖，因而你會為此而展開行動，並在這個思想能量場中充滿正向的能量。

世間萬物都存在著意圖心。例如，大雁會成群結隊地飛往南方過冬，這就是一種意圖心；小草會在陰暗潮濕的角落綻放身體，從而獲得陽光雨露，這表現的也是一種意圖心。意圖心影響了它們內在能量的流動，從而讓它們獲得了想要的結果。我們人類也是如此，唯有內心產生強烈的意圖，才會激發體內那股不倦的力量，從而吸引各種達到意圖的機會，走向我們理想的人生。

美國一位推銷員在上門推銷一部兒童《百科辭典》時，碰上了一位非常固執的太太。她說什麼也不願為孩子買一部《百科辭典》，她說：「先生，我的孩子對書根本不感興趣，為他花那麼多錢買一部《百科辭典》，這不是浪費嗎？」

推銷員看這位太太如此固執，決定反駁一下她，他環顧了她家中的陳設，說：「夫人，我敢擔保，您的這幢漂亮的房子至少已有*50*年以上的歷史了，但它至今仍這樣堅固，一定是當初地基打得好。要想孩子長大有出息，就得從小打下良好的基礎，而我們的《百科辭典》正是為孩子們打基礎用的。」

「我的孩子討厭讀書，請您不要逼我花冤枉錢吧！」

「我怎麼會逼您呢？」推銷員柔聲說，「夫人，愛孩子難道不是母親的天性嗎？如果您的孩子得了感冒，您會對他不聞不問嗎？您一定早就帶他去醫院診治了，就是花再多的錢，您也是願意的，您說對嗎？」

「這又有什麼關係？」這時推銷員臉色嚴肅起來：「怎麼沒關係呢？感冒是身體的病。一個人頭腦也會得病，會得種種看不見的病。孩子的厭讀症就是其中的一種。我們的《百科辭典》正是醫治孩子厭讀症的良藥。您看，這本書的插圖多漂亮，故事多有趣！為了醫治您孩子的厭讀症，您難道就不願意花這一點錢？您就願意讓他變成一個頭腦簡單、沒有出息的人？哪怕是當作智力投資，您也該為孩子買一部兒童《百科辭典》呀。」

「我真服了你了，你真會說話！」這位太太露出了笑臉，問道，「這套書多少錢？」

推銷員成功地運用自己的意圖心達到了推銷書的目的。他是聰明的，在表達意圖心的時候沒有直接說服，而採用了一個巧妙的比喻，先把話題引開，最後又自然地引到讓對方買書上，水到渠成。

量子物理學指出，所有事情都不是偶然或意外，而且每件事都是彼此相互聯結的。也就是說，你的意圖心與所有事情都存在關聯。你的念頭越強烈，你改變事情的能量就越強大，而所得到的也就越接近自己的願望。人生之中，無論處於何種卑微的境地，都不要自暴自棄，只要你渴望美好生活的意圖心存在，只要你能讓思想啟動生命的全部能量，那麼整個世界也會給你更多實現夢想的力量。

用目標去統一思想與理智

有些人苦惱於工作和瑣事帶來的壓力，整日忙得團團轉，而沒有閒暇的時間來享受人生，享受生活給自己的回報。造成這種現象的原因多半是這些人沒有用目標來統一他們的思想、理智與行為。一個人真正的人生之旅，是從設定目標的那一天開始的，以前的日子只不過是在原地轉圈而已。

目標引領著思想前進。目標就像是茫茫海上的一座燈塔，唯有點亮這座燈塔，才能讓思想的小船乘風破浪，駛入你理想的人生。

有人問美國的羅斯福總統夫人：「尊敬的夫人，您能給那些渴求成功的人，特別是那些年輕的、剛剛走出校門的人一些建議嗎？」

總統夫人謙虛地搖搖頭說：「對此我沒有好的建議。不過，先生，你的提問倒令我想起我年輕時的一件事。那時，我在班寧頓學院念書，想邊學習邊找一份工作，最好能在電信業找份工作，這樣我還可以修幾個學分。我父親便幫我約好了去見他的一位朋友——當時任美國無線電公司董事長的薩爾洛夫將軍。等我單獨見到薩爾洛夫將軍時，他直截了當地問我想找什麼樣的工作，具體是哪一個類別。我想：他公司裡的每一個工作我都喜歡，無所謂選不選，便對他說隨便哪份工作都行。只見將軍停下手中忙碌的工作，注視著我，嚴肅地說：『年輕人，世上沒有一類工作叫隨便，成功的道路是目標鋪成的！』將軍的話讓我面紅耳赤，而這句發人深省的話伴隨我一生，讓我以後一直非常努力地對待每一份工作。」

從羅斯福總統夫人的經歷中，我們可以看出目標對工作的重要性。其實，不僅是工作，我們對待生命中的任何一件事都要有明確的目標，否則將永遠無法到達成功的彼岸。

要想擺脫碌碌無為、一事無成的命運，你必須仔細考慮你此時的境況。你可以問自己這樣幾個問題：「我是否有著明確的目標？」「我希望情況變成什麼樣子？」「我的理想是不是只是空想？」在明確了這樣幾個問題之後，你就可以很好地掌控眼前的局面。接下來你需要做的就是，為自己設定一個明確的目標。設定目標要重視四個因素：一是瞭解你想做什麼；二是瞭解你能做什麼；三是要將願望和能力、現實相結合；四是要學會放棄，要抑制想知道一切、擁有一切的貪婪欲望。然後，你需要透過計畫和行動不折不扣、堅定不移地去實現自己的目標，在一個個目標逐漸實現的過程中，你整個人生的意義也慢慢凸顯出來，思想與理智的能量也得到最大程度的釋放。

有了目標，你的內在就會產生一股巨大的、無形的能量，這股力量能將你與所做的事「融合」為一體。目標能喚醒人、激發人、塑造人，目標的力量是難以估計的。如果有明確的目標，你的生活必然充實有勁，你絕不會因無所事事而無聊。目標能使你不沉湎於現狀，激勵你不斷進取，引導你不斷開發自身的潛能去摘取成功的桂冠。

將智慧用於正直的行動

真正的智慧，首先需要有一個承載其意義的環境，並不是所有聰明的念頭和行動都可以被冠以「智慧」二字。這個環境就是高貴的思想與品格，如果拋開這些而空談智慧，那無疑是對智慧這一概念的錯誤理解。

在遙遠的東方科爾喀斯國，高貴冷豔的美狄亞公主以其無可匹敵的智慧得到舉國上下的尊敬。她精通各種法術，善用各種草藥，並且還有通神的能力。希臘神話中的愛神阿芙洛狄忒在美狄亞的心中播下了愛情的種子，讓美狄亞瞬間迷失在對伊阿宋的狂戀之中。

伊阿宋英俊魁梧，他不遠萬里來到科爾喀斯，一心為了傳說中的金羊毛，而對於美狄亞一無所知。愛情的火焰將美狄亞的理智和美德焚燒成灰燼。她不顧一切地背叛了養育自己的這片土地，把自己奉獻給一個遙遠的陌生人。

接下來，美狄亞所做的事情讓所有的人觸目驚心。她暗中幫助伊阿宋打敗了地裡長出來的戰士，跟伊阿宋乘船返回希臘，殺死了前來追趕她的弟弟，將其屍骨切成小段撒向大海，以此來拖延父親的時間。美狄亞最終如願以償地嫁給了伊阿宋，並且為他生兒育女。然而，當伊阿宋為了自己的前途偷偷與科任托斯國的公主定下婚約，美狄亞再次被邪惡的力量控制。為了報復伊阿宋，讓伊阿宋永遠活在痛苦和悔恨之中，美狄亞殺死了公主，還用匕首刺死了自己的孩子，坐上龍車飛向雅典。

美狄亞的智慧曾經給自己的國家帶來了希望和快樂，然而當她被邪惡和妒忌所控制，她的智慧也就成為助長錯誤的兇手。失去理智的美狄亞，出賣了上天給自己的智慧，最終也受到了濫用智慧的懲罰。

或許智慧從來就不是可以單獨存在的品格，也需要有為其提供營養的土壤，有自由行使主權的範圍。離開了這個範圍，智慧就不再是照耀人性的光輝。真正有智慧的人把智慧僅僅用於正直的行動，在他們風雨兼程地走到生命的最後時，才能無悔曾經生而為人，保持自己的驕傲和尊嚴。把智慧用在投機取巧的事情上，是不明智的作為。可以想像一個人在做出這個世間最愚蠢的決定之時，他的智慧肯定在沉睡之中。真正有智慧的人絕不允許白白浪費自己寶貴的智慧，尤其是浪費在如此低級趣味和沒有價值的事情上。被污染的智慧跟所有邪惡沒有任何差別，而且你越有智慧，罪惡也就越深重。

善惡的觀念不存在於別人的觀念中，是屬於你思想品格的一部分。即使你的思想裡殘存著一絲邪惡的東西，也不要太在意，只要不讓它支配你的智慧就可以。人生之路，有直也有彎。用你的智慧去衡量兩種道路的價值，是正直地行動，還是卑微地生存。每種選擇的背後，都存在著到達生命終點的道路，但兩者賦予你的價值卻大不相同。

時刻檢查內在的意念與思想

英國人詹姆斯．艾倫在《做你想做的人》一書中寫道：

人的心靈像庭院。
這庭院，既可理智地耕耘，也可放任它荒蕪，
無論是耕耘還是荒蕪，庭院不會空白。
如果自己的庭院裡沒有播種美麗的花草，
那麼無數雜草的種子必將飛落，
茂盛的雜草將占滿你的庭院。
出色的園藝師會翻耕庭院，除去雜草，
播種美麗的花草，不斷培育。
如果我們想要一個美好的人生，
我們就要翻耕自己心靈的庭院，將不純的思想一掃而光，
然後栽上清純的、正確的思想，
並將它培育下去。

這段唯美的語言中提出了一個為心靈除雜的方法——耕耘心靈的庭院。將不純的思想剔除，栽上清純的、正確的思想，這種除雜的過程即是內省。內省就是看自己的內在——內在的意念和思想，並時刻檢查自己。假如我們意識到自己的內心充滿了憤怒和嫉妒，就要全身心地投入內省的行動當中，去尋找憤怒和嫉妒的原因，看清它們的真相，從而改變或消除它們，以恢復內心的和諧與寧靜。內省有著巨大的力量，你可以借助它改善自己的行為，重新認識自己，直到看清那個內在真實的自我。

日本著名企業家稻盛和夫有一個特別的習慣，就是經常進行內省。每天早晨，他都會站在盥洗室的鏡子面前，面對鏡中的自己，將前一天的事情如電影鏡頭一般一一在腦海中重播，回想自己是否有不當的言行，是否表現出傲慢的態度，是否犯了不該犯的錯誤。若是有，他就會對著鏡子大聲道歉：「老天，對不起！」「很抱歉，我對我的錯誤態度和行為道歉！」稻盛和夫的這個習慣已經保持了*30*年。他說，不知道從何時起，只要他在家裡的盥洗室中，家人就不會去打擾他。

這就是稻盛和夫自創的每日內省法。他藉由這樣的方法，每天對自己的思想與行為做出及時的反省。對待自己曾有過的不當言行進行懺悔，對表現出的傲慢態度進行道歉。正是由於他保持了這種時刻檢查自己內在的習慣，才會不斷地完善自己，從而獲得非凡的成就。

除了他的這種每日內省法，我們還可以運用許多方法檢查自己內在的意念與思想，包括記日記、冥想、禱告等。例如，你可以在日記本上寫下一天的言行，包括你曾對什麼人說了什麼話，是讚美的還是苛刻的；或是你當天做了什麼事，對別人產生了什麼影響。透過這種方式，你會把一天中的思緒與行動全部轉化成文字。每一天都寫下新的內容，每一天都翻開前些天的所作所為，好的事情繼續保持，不好的事情及時遏制。長期堅持，你的靈性將在內省過程中得到昇華，藉由內省進入毫無覺知的過程後，你的內在也就能夠釋放出巨大的、自由的能量。

經常內省，對一個人思想品格的塑造尤為重要。你應該將內省作為每天的必修課，時刻檢查自己內在的意念與思想，不斷修正錯誤的，鞏固正確的；藉由內省淨化靈魂、磨礪心志、提升自己的品格，將心靈庭院中的雜草一一拔除。內省的作用是不可忽視的，它對於形成積極正確的思想、高尚卓越的品格有著顯著作用。當習慣於內省，並且懂得如何駕馭思想、塑造品格時，你一定會從中提升自己的品格與魅力，促使自己向更正確的方向前進。

做一棵有思想的蘆葦

法國著名哲學家布萊士．帕斯卡曾說：「人只是一棵蘆葦，自然界最脆弱的，但是一棵運用思想的蘆葦。」的確，人的思維有著了不起的能量，任何創新的成果都是思想的饋贈。人世間最美妙絕倫的，就是思維的花朵。思索是才能的「鑽機」，思考是創造的前提。因此，潛心思考總是為成功之士所鍾情。

在西敏寺大教堂地下室的墓碑林中，有一塊墓碑上刻著這樣的話：

「當我年輕的時候，我的想像力從沒有受過限制，我夢想改變這個世界。當我成熟以後，我發現我不能夠改變這個世界，我將目光縮短了些，決定只改變我的國家。當我進入暮年以後，我發現我不能夠改變我的國家，我的最後願望僅僅是改變一下我的家庭。但是，這也不可能。當我躺在床上，行將就木時，我突然意識到：如果一開始我僅僅去改變我自己，然後作為一個榜樣，我可能改變我的家庭；在家人的幫助和鼓勵下，我可能為國家做一些事情。然後，誰知道呢？我甚至可能改變這個世界。」

許多世界政要和名人看到這篇碑文時都感慨不已。年輕的曼德拉看到這篇碑文時，頓然有醍醐灌頂之感，覺得從中找到了改變南非甚至整個世界的金鑰匙。回到南非後，這個原本贊同藉由「以暴抗暴」來填平種族歧視鴻溝的黑人青年，改變了自己的思想和處事風格，從改變自己、改變自己的家庭和親朋好友著手，歷經幾十年，終於改變了他的國家。

這篇碑文應該也在某種程度上觸動了你的心靈，的確像上面所說的一樣，先改變自己，才有可能改變家庭、國家，甚至是整個世界。

要想撬起地球、改變世界，它的最佳支點不是一個國家、一個民族，也不是別人，而是一個人的思想。有人說，思維才是人生最大的財富。愛因斯坦也說過：人們解決世界的問題，依靠的是大腦和智慧。所以，讓你發生改變的不是外在的環境，不是你所擁有或者一直羨慕的財富，而是你的思想。

我們常常會看到有些人因為失敗而傷心難過，也有一些人對成功有著強烈的渴望，但是外界環境總是阻撓他們實現夢想的腳步。愛情不順利，工作不理想，生活太平淡，激情找不到釋放的出口，於是，很多人開始煩躁不安，夜不能眠，食不知味。巨大的精神壓力讓人們感受不到生活中的快樂，而導致這種境況產生的根源，是我們的思想。你的生活不是由外在環境決定的，而是由占據你頭腦的思想所決定的，正如思想家馬克．奧瑞利斯所說：「人的一生是由他的想法來造就的。」所以，適當地改變自己的思想，成功自然就會在不遠處招手。

世界上最大的未開發資源不是在南極洲或者非洲沙漠，而是隱藏在你的頭腦中。當有了開闊的思路以及將想法付諸行動的意志之後，你就能獲得來自思想的巨大能量，這股能量可以助你走向最後的成功。世界上所有的財富都是依靠思想來做牽引的，世界上所有的成功都是由思想塑造而成的。人類雖然如蘆葦一般纖弱，但人類的思想閃耀著璀璨的光芒，請重新認識你的思想，利用它為自己創造非凡的成就吧！

能量摘要＞＞＞

※ 你若想獲得甘甜飽滿的果實，就需要為自己選擇一枚健康的種子，這樣才會在健康的思想下獲得無窮的能量。

※ 你必須時刻關注你的內在，為自己播下積極的思想。你還需要像為蘋果樹捉蟲除草一樣，剔除那些不健康的有礙自身發展的因素。只有這樣，你才能讓思想保持純淨。

※ 無論你此時境況如何，都請善待你的思想，對你的思想說聲「謝謝」，因為正是這些思想的種子讓你獲得現有的生活。

※ 哪怕你此時陷入人生的谷底，只要你還保持著高貴的品格，還有一顆高貴的靈魂，那麼你的人生總有一天會綻放出耀眼的光芒。

※ 當感受到某個念頭時，就表示你的意識向你傳達了某種意圖，因而你會為此而展開行動，並在這個思想能量場中充滿正向的能量。

※ 你的意圖心與所有事情都存在關聯。你的念頭越強烈，你改變事情的能量也就越強大，而所得到的也就越接近自己的願望。

※ 有了目標，你的內在就會產生一股巨大的、無形的能量。這股力量能將你與所做的事「融合」為一體。

※ 善惡的觀念不存在於別人的觀念中，是屬於你思想品格的一部分。即使你的思想裡殘存著一

絲邪惡的東西，也不要太在意，只要不讓它支配你的智慧就可以。

※ 你應該將內省作為每天的必修課，時刻檢查自己內在的意念與思想，不斷修正錯誤的，鞏固正確的；藉由內省淨化靈魂、磨礪心志、提升自己的品格，將心靈庭院中的雜草一一拔除。

※ 當有了開闊的思路以及將想法付諸行動的意志之後，你就能獲得來自思想的巨大能量，這股能量可以助你走向最後的成功。

第五章　為信仰而活

信仰是精神的勞動；動物是沒有信仰的，野蠻人和原始人有的只是恐怖和疑惑。只有高尚的組織體，才能達到信仰。

——【俄國】安東·巴甫洛維奇·契訶夫

信仰是靈魂給予心靈的饋贈

信仰是什麼？有人說它是明燈，照耀人前行的方向；有人說它是理念，一種由抽象到具體，由具體到抽象的精神遐想；也有人說，信仰是一種無形的能量，它是靈魂給予心靈的饋贈，讓每一個荒蕪的心靈誕生春天的希望……

對此，深受世人尊敬的心靈導師約瑟夫．墨菲說過：「生命的法則就是信仰的法則，所謂信仰，簡單地講就是指你心頭所想之事。」一個人心裡、腦海裡所想的一切，都會牽動他的每一個行動。

信仰包含著信仰者對美好理想的追求，而這種最純粹的追求也會讓人們創造出最有價值的人生。

這是一個令人難以忘懷的故事：

在一座孤島上，一個燈塔守護人生活了將近*40*年。當還是一個毛頭小夥子時，他就隨著父親來到了這個孤島。白天父子兩人出海捕魚；晚上就燃起篝火，為過往的輪船引航。*20*年後，父親死了，他就一個人在孤島上守護著這座燈塔。一個狂風暴雨的夜裡，一艘客輪在燈塔的指引下，安全地停泊在孤島避風處的港灣。船長上岸後，萬分感激地對守塔人說：「如果沒有這座燈塔的指引，我這艘客船，還有滿船的乘客，早就葬身海底了。作為感謝，我要帶你離開這個地方，並且每月至少給你*2500*美元的薪水。」

守塔人笑著搖搖頭。船長大惑不解：「難道你不想過安逸的生活嗎？」守塔人平靜地說：「想！但是這裡就是我的崗位。*10*年前遭遇風暴的船長和你一樣，答應給我*3000*美元的薪水。可是假如我當時答應他離開了這裡，後來的那些船隻，包括你的這艘，今天還能獲救嗎？」船長如夢初醒，激動而又慚愧地抱住了守塔人。

守塔人擁有高貴的信仰——那就是為每一艘經過的船隻指引航向。其實，他指引的何止是船隻，冥冥之中，他為無數人的心靈導航。他將自己信仰的能量傳遞給每一個接受過他幫助的人，從而讓信仰的種子留在了這些人的心中。

人的一生，做什麼也許並不重要，重要的是能造福更多的人。將自己的善良和愛傳播給更多的人，讓更多的人受益，這種造福就是崇高的信仰。林語堂曾說：「信仰，即是教人行善的方式，溫暖別人，自己也不會寒冷。」這就是信仰的最高境界。但是，要始終如一地堅守信仰並不容易，「路漫漫其修遠兮」，堅守信仰，也需要頓悟。

在一個寒冷的冬夜，有一個乞丐來找榮西禪師，哭訴道：「禪師，我的妻兒已多日粒米未進。我盡我的一切努力給他們溫飽，可是始終無法辦到。連日來的霜雪使我舊病復發，我現在實在是精疲力竭了，如果再這樣下去，我的妻兒都會餓死。禪師，請您幫幫我們吧！」

榮西禪師聽後頗為同情，但是他身邊既無錢財，又無食物，如何幫助乞丐呢？不得已，榮西禪師拿出準備裝飾佛像的金箔說：「把這些金箔拿去換錢應急吧！」榮西禪師的這個決定讓弟子們都很驚訝，他們紛紛表示抗議：「師父！那些金箔是準備裝飾佛像用的，您怎麼能輕易送給別人？」

榮西禪師非常平和地對弟子們說：「也許你們無法理解，可是我是因為尊敬佛陀才這樣做的。」弟子們一時無法領悟榮西禪師的深意，忿忿地說：「師父！您說是為了尊敬佛陀才這麼做的，那麼我們將佛像變賣以後用來佈施，這種不重信仰的行為也是尊敬佛陀嗎？」

榮西禪師不再辯解，只是說：「我重視信仰，我尊敬佛陀，即使下地獄，我也要為佛陀這麼做！」弟子們仍然不服，還是嘀咕個沒完。榮西禪師於是斥責道：「佛陀修道，割肉餵鷹、捨身飼虎，在所不惜，佛陀是怎麼對待眾生的？你們真的瞭解佛陀嗎？」

榮西禪師的一番教誨恰好讓人們理解了崇尚信仰的真義。信仰不是拘泥於形式，而是要探索出它最深刻的含義。如果像榮西禪師的弟子們一樣只懂得表面的信仰，而不懂得真正的信仰正是要像佛陀一樣普度眾生，那麼我們所堅守的信仰也就不能稱之為信仰。

人們一旦擁有了信仰，就有了開拓未來的能量與立足世界的精神資本。當你身處浮躁、空虛與冷漠之中時，高貴的信仰可以成為慰藉你的精神食糧，這種正向的能量可以讓你的身邊環繞著同樣積極的能量場。於是，這個能量場為你的心靈吸納來真誠、美好與善良，生命因而為你展開真善美的畫卷，為你的人生繪出一幅絕美的景象。

即使祈求上天也要保持尊嚴

學生盼名師、工作盼貴人、貧窮盼財神，現代人總是把自己的命運寄託在別人身上，無論是人也好，神仙也罷，人們要為自己尋找各種依靠。社會上這種「盼救情結」越來越多，且不論他們所祈求的人或神是否有幫助他們擺脫困境的條件，單單就他們本身而言，這種沒有尊嚴的祈求會讓他們失去許多可以自己掌控的東西。

尊嚴是人類靈魂中最不可糟蹋的東西，無論什麼時候，無論做什麼，哪怕是祈求上天，也不可丟掉尊嚴。雅典人在祈雨時，禱告的語言也不忘保持著自己的尊嚴：「降雨吧，降雨吧，親愛的宙斯，使雨降落到雅典人耕過的土地上，降落到平原上。」

他們以這種簡單而高貴的方式祈禱，而並非如一個乞丐般出現在祈禱的聖壇前。尊嚴，應該被看作是人類最重要的價值。一個人要活得有尊嚴，就要有自己的基本原則，這是在任何情況下都不可違背的。

一年冬天，美國加州的一個小鎮上來了一群逃難的流亡者。長途的奔波使他們一個個滿臉風塵，疲憊不堪。善良好客的當地人生火做飯，款待這群逃難者。鎮長約翰給一批又一批的流亡者送去粥食，這些流亡者顯然已很久沒有吃到這麼好的食物了，他們接到東西，個個狼吞虎嚥，連一句感謝的話也來不及說。

但有一個年輕人例外，當約翰鎮長把食物送到他面前時，這個骨瘦如柴、飢腸轆轆的年輕人問：「先生，吃您這麼多東西，您有什麼工作需要我做嗎？」

約翰鎮長想，給一個流亡者一頓果腹的飯食，每一個善良的人都會這麼做，於是便說：「不，我沒有什麼工作需要你來做。」

這個年輕人聽了約翰鎮長的話之後顯得很失望，說：「先生，那我不能隨便吃您的東西，我不能沒有經過勞動便享受這些東西。」

約翰鎮長想了想又說：「我想起來了，我家確實有一些工作需要你幫忙。不過，等你吃過飯後，我才給你分派工作。」

「不，我現在就開始工作，等做完您交代的事，我再吃這些東西。」那個年輕人邊說邊站了起來。

約翰鎮長十分讚賞地望著這個年輕人，但他知道這個年輕人已經很長時間沒有吃東西，又走了這麼遠的路，可是不給他做些事，他是不會吃下這些東西的。約翰鎮長思忖片刻說：「小夥子，你願意為我捶背嗎？」那個年輕人便十分認真地給他捶背。捶了幾分鐘，約翰鎮長便站起來說：「好了，小夥子，你捶得棒極了。」說完將食物遞給年輕人，他這才狼吞虎嚥地吃起來。

約翰鎮長微笑地注視著那個年輕人說：「小夥子，我的莊園太需要人手了，如果你願意留下來的話，那我就太高興了。」

那個年輕人留了下來，並很快成為約翰鎮長莊園裡的一把好手。兩年後，約翰鎮長把自己的女兒詹妮許配給了他，並且對女兒說：「別看他現在一無所有，但他將來一定會很富有，因為他有尊嚴！」

在現實生活中，總有一些人將自己的一切都寄託在別人身上，欣然地接受別人賜予的恩典。他們不會像故事中的那個年輕人一樣，憑藉自己微薄的力量換取等價的東西，而是一味地祈求與索取，殊不知，這樣的祈求已經等同於乞討。

有尊嚴的人比那些放棄了尊嚴而只接受施捨的人更容易成功，因為前者會用自己的能力換取需要的一切，做人的價值與樂趣也因此得到體現。尊嚴是一個人做人的根本，無論什麼時候，我們都應該挺直脊樑，用行動捍衛自己的尊嚴。哪怕陷入谷底，需要他人的協助才能脫離困境，你也絕不能出賣自己的尊嚴，而應像故事中的年輕人那樣，帶著高貴的靈魂得到他人尊敬的目光。

把自己置於美好的心願中

年輕時，人們懷揣著美好的心願展開人生的畫卷，希望有一天能實現自己的夢想。但是慢慢的，各種壓力與挫折席捲而來，那些美好的心願也一點一點消磨殆盡。人們覺得生活沒有了希望，開始自暴自棄，自己首先放棄了自己。殊不知，當一個人因為沒有了信念而選擇放棄的時候，他其實離成功已經很近了。

有些人不計酬勞地投注時間和精力，為某一天達成心願做各種準備。而一旦這種投入無法換回任何回報，他們就會放棄這些心願。其實，實現心願並非什麼難事，你只需時刻將自己置於美好的心願中，那麼真正實現心願的日子也就近在咫尺了。縱觀世界上那些成功人士的生平經歷，你就會發現，他們沒有一個放棄曾有的夢想與心願，而是時刻保持著美好的心願，從而在高昂的鬥志與堅定的信念中獲得完成心願的力量。

瓊安．凱薩琳．羅琳創作的「哈利波特」系列小說，屢屢進入世界各地暢銷書排行榜，而她本人也因此成為目前世界上最負盛名的兒童文學家。她從小喜歡講故事與寫作，這個美麗的心願也一直伴隨著她的成長。但是，她創作「哈利波特」系列小說的整個過程卻充滿了艱難險阻：破碎的婚姻、三個月大的孩子、拮据的生活，每一樣都讓她心力交瘁。她找不到工作，只能靠微薄的失業救濟金養活自己與女兒。即便如此，她仍絲毫沒有放棄美好的心願：小屋中沒有暖氣，她就推著嬰兒車到附近一家咖啡館邊取暖邊寫作。

由於對達成心願強烈的渴求，羅琳在曼徹斯特前往倫敦的火車旅途中獲得了來自上天的回饋：一個瘦弱、戴著眼鏡的黑髮小巫師，一下子闖進了她的生命，使她萌生了創作《哈利波特》的念頭。雖然當時手中沒有紙和筆，但她已經在腦海中形成了一個鮮明的小巫師形象。而她一直保持著的這個美好的心願，最終讓她獲得了成功。

瓊安．凱薩琳．羅琳如果沒有時刻記掛著自己的心願，一定不會得到來自上天的回饋，讓她達成自己的心願。她把美好的心願投注到生命之中，藉由那富有靈性的信仰而獲得了成就與財富。美好的心願讓她獲得了極大的成功，也讓她的心靈得到了最大程度的滿足。

每個人都可以按照自己的渴望設計人生，如果你始終覺得自己的夢想太過於遙遠，不妨每天這樣告訴自己：「我離夢想很近。」「我的心願早已經完成，此時只是讓我的夢想更加豐富與完美。」

例如，你想減肥，就時刻想像著自己已經擁有了完美的身材；你想練習長跑，就時刻想像著自己在公園中跑步。正因為你時刻將自己置於美好的心願之中，你的內在會產生一種喜悅與輕鬆，因而你對待生活、對待夢想的態度也會截然不同。這種想像並不是虛無飄渺的，而是讓自己產生一種實現夢想的更強大的信念，而這股信念會為你帶來獲得成功最堅實的力量。

勿使人生的價值標準顛倒

俄國著名作家列夫．尼古拉耶維奇．托爾斯泰曾說：「人生的價值，並不是用時間，而是用深度去衡量的。」每個人的生命都有著各自的長度，但如果截取某一小段來比較，必然會發現它們的差別。人生其實沒有必要追求多麼偉大的信仰，只需要讓自己截取出來的每一小段生命存在價值就足夠。

無論地位高低、職業好壞，只要人生價值標準是正確的，一個人的整個生命過程就是非凡的。一個人若能不受外在的限制與束縛，不向生命中的阻礙與妥協低頭，懂得追求人生、探索生命，那麼他的生命價值就得以體現，人生的信仰也會因此閃耀。相反的，如果一個人的價值標準是顛倒的，那他的人生便無法獲得完美，甚至連偶爾閃耀的光華也會被抹掉。

相信大家對宋體字並不陌生，報紙與雜誌的正文大部分都是宋體字，它儼然成了現今字體的主流。但是很多人一定對宋體字的發明者嗤之以鼻，因為那個人就是秦檜。其實，秦檜不僅博學多才，在書法上也很有造詣，創立了一種用於印刷的字體。但由於他人生的價值標準顛倒，賣國求榮、殘害忠良，以莫須有的罪名陷害英雄岳飛，從而成為了讓人們唾棄的千古罪人。

學歷、經驗、能力都不是識別人才的可靠標準。一個人是不是人才，關鍵要看他處在什麼位置上，做了什麼事情。如果他做得好、做得巧，在道德與法律允許的範圍內做出了成績，那麼他就是眾人眼裡的人才。一旦他的價值標準是顛倒的，站在了錯誤的位置上，即使是碩士、博士，即使擁有卓越的才能和過人的智慧，也會像個扣錯西裝釦子的紳士，從自信滿滿到尷尬難堪。

如果自身的價值標準是正確的，追求的信仰是崇高的，那你的人生就會以想像不到的方式改變。正確的人生價值標準不只會讓你的生命中增加成倍的美好事物，還會消除一切負面因素，讓你的生命更純粹。在生命的每一秒活出自身的價值，實現內在的信仰，都會讓你的生命呈現出絢爛的色彩。

人的生命雖然有限，但人類用生命創造的價值卻可以長存。宇宙賦予我們源源不斷的能量，而我們可以利用這些能量獲取一切需要的事物。我們必然要感激這些力量，因為它們比世間的任何財富都更有價值，讓我們可以追尋自己的理想與信仰。那麼，請擺正你的人生價值標準，將自身的能量運用到正確的方向。在各個階段的生命中實現你的願望，並組成最有價值的人生。

借助意志的力量實現夢想

意志力是一種堅定的力量，能讓你產生強烈的信念，用堅強不屈的精神面對一切阻礙成功的路障。所有的人都有實現願望的能力，但問題在於，你是否會借助頑強的意志力讓自己獲得無限的財富，是否會利用自己的內在力量實現夢想。

我們身邊總會有許多缺少意志的人：這些人不管做什麼事，經常半途而廢或者虎頭蛇尾；或是一遇到困難就垂頭喪氣；有的性情忽冷忽熱，對待事情也是只憑一時的熱情。而一旦你的內心產生了堅定的信念與頑強的意志，那麼你與夢想的距離也就越來越近。

法國一家地方報紙曾經刊登過一則啟事：一家園藝機構欲出20萬美元，求一純白金盞花。面對這驚人的賞金數目，很多人都怦然心動，躍躍欲試。但是在自然界，金盞花除了金色，就是棕色，要想培育出白色的新品種，那簡直比登天還難。很多人一時衝動試過之後，就把那則啟事拋於腦後：算了吧，什麼純白金盞花！但20年後的一天，那個園藝機構意外地收到一件包裹，裡面居然是100粒純白的金盞花的種子。這些種子來自何人？謎底很快就揭開了，寄種子的原來是個年逾七旬的老太太，她是一個真正的養花迷。當年，她看到那則啟事後就怦然心動，馬上付諸行動，雖然遭到子女的一致反對，但她還是執著於自己的夢想。一年之後，等到金盞花盛開，她就篩選出顏色比較淡的花的種子。次年，她撒下這些種子，然後，再從盛開的花朵中篩選出更淡的花的種子去選種栽培。就這樣，年復一年，終於在20年後的一天，她的努力得到了回報：在她的花園裡，出現了一朵白色的金盞花，如銀似雪，美極了。

為什麼連專家都感到束手無策的大難題，竟然在一位對遺傳學一無所知的老人手中得到破解？是意志！老人用頑強的意志執著於自己的夢想，年復一年地培育，最終實現了自己的夢想，獲得了意志給予她的回報——世間罕見的純白色金盞花。

如果說人的一生是在浩瀚的海洋上航行，那麼意志就是驅動「生命進取號」的馬達，它產生的巨大的能量能幫助人們乘風破浪。著名的哲學家叔本華說：「意志自身在本質上是沒有目的、沒有止境的，它是一個無盡的追求。」當擁有了堅定的意志，你內在的能量就永遠不枯竭，它會激勵你永遠拚搏向前，直到接近自己的目標與夢想。

美國第44任總統歐巴馬曾提到：「真正的力量並非來自我們武器或財富的規模，而是來自我們持久的意志力。」世界上沒有任何力量能像意志那樣影響你的生活。無論你身處怎樣的困境，一旦擁有了堅定的信念與意志，你就能克服成功路上的所有阻礙，從而擁有實現夢想的力量。

信仰，但不要過於執拗

信仰是人生最高的信念，也是人們精神生活的最高追求。真正的信仰在一個人的生命中會產生至關重要的作用，為人類的發展方向以及奮鬥目標做出了重要的指引與規劃。但是，有些人對待信仰太過於執拗，他們固執地崇尚信仰，卻忘記了信仰的本來面目。其實，那些過於執拗的信仰並不是真正的信仰，只是人們僵化的思維與固執己見。

法國的一個鄉村下了一場非常大的雨，洪水開始淹沒全村。一位非常虔誠的神父仍在教堂裡祈禱，眼看著洪水淹到他的膝蓋。一個救生員駕著舢板船來到教堂，跟神父說：「神父，快！趕快上來！不然洪水會把你淹沒的！」

神父說：「不！我要守著我的教堂，我深信上帝會救我的。上帝與我同在！」

過了不久，洪水已經淹過神父的胸口了，神父只好勉強站在祭壇上。這時，一個員警開著快艇過來，說：「神父，快上來！不然你真的會被洪水淹死的！」

神父說：「不！我相信上帝一定會來救我。你還是先去救別人好了！」

又過了一會兒，洪水把教堂整個淹沒了，神父只好緊緊抓著教堂頂端的十字架。一架直升機緩緩飛過來，丟下繩梯之後，飛行員大叫：「神父，快！快上來！這是最後的機會了，我們不想看到洪水把你淹死！」

神父還是執拗地說：「不！我要守著我的教堂！上帝會來救我的！你趕快先去救別人，上帝會與我同在的！」神父剛說完，洪水就把他淹死了。

當他到了天堂見到上帝的時候，他有些委屈地說：「上帝啊，為什麼你不來救我呢？」上帝很好奇地問：「我已經派人救了你三次，你為什麼不接受他們的幫助呢？」

神父因為那無謂的執拗而葬送了自己的性命，那執著的信仰讓他看不到上帝間接的施救。現實中的我們也同樣如此：在燈紅酒綠的社會中，我們習慣了對名利和權勢的追求與執著，往往為了虛榮強作體面，為了優越感而沽名釣譽，結果使自己的心靈和身體都在忙碌中承受著巨大的壓力，失去了自由與靈性。其實，當你對信仰有了更深刻的認識，不再執拗於它，而在眾人皆醉之時保持一份獨醒的豁然，那麼生命才會為你展現出不同的樣子。

每個人在危難來臨之時或是生活陷入困境的時候，也不要忘記信仰的意義所在。它像我們的精神力量一樣，指引我們走出生命中的低谷，讓我們重見溫暖燦爛的陽光。在接受信仰指引的同時，我們切不可執拗地認為不費任何力氣就能擺脫困境，那樣只會讓信仰失去全部的意義。

對信仰太過於執拗會讓我們離正確的道路越來越遠，而如果我們又抱著「不撞南牆不回頭」的態度接受執拗的引領，這樣是可悲的。生命的歷程往往像小河流一樣，想要跨越生命中的障礙，想要融入大海，那你就需要放下偶爾的執拗，捨棄自身原有的形象，化身成一片雲，讓微風帶你飛過高山，當變為細雨降入大海的時候，你所追求的融入大海的信仰也就實現了。

放下「不配得」的情結

並不是只有漂亮的貝殼才能孕育出價值連城的珍珠，也不是只有珍貴的種子才能萌生出幼芽。世間所有的生命都是平等的，無論是乾癟的種子也好，低矮的小樹也好，身處困境的人也好，每一個生靈都需要有崇高的信仰，每一個生命都應該擁有一片廣闊的天空。

很久很久以前，有一個養蚌人，想培養一顆世上最大最美的珍珠。

他去海邊沙灘上挑選貝殼，並且一個一個地問那些漂亮的貝殼，願不願意孕育出一顆珍珠。那些貝殼一個個地都搖頭說不願意。養蚌人從清晨問到黃昏，都快要絕望了。就在這時，一枚外表平凡的貝殼小心翼翼地問：「我這個樣子也可以嗎？」

養蚌人笑著說：「你可以的，每一枚貝殼都有孕育珍珠的能力。」

這枚小小的貝殼聽了之後欣喜無比。

旁邊那些漂亮的貝殼都嘲笑那枚平凡的貝殼，說它太自不量力了：

「我們這麼漂亮都不一定能孕育出一顆最美的珍珠，何況是你？」

「對呀，還得讓沙子藏在身體裡，想想都不舒服！」

平凡的貝殼沒有言語，但它看到養蚌人那堅定的眼神之後，更加堅定了要去試一試的想法。於是它遠離了親人、朋友，讓一顆稜角分明的石子藏進柔軟的身體中。雖然痛苦，但它一直記得養蚌人的那句話：「每一枚貝殼都有孕育珍珠的能力！」

幾年過去了，那枚平凡的貝殼體內的沙粒已長成了一顆晶瑩剔透、價值連城的珍珠，而曾經嘲笑過它的那些漂亮的貝殼們，不是被海浪沖到岸邊曬乾了，就是被海鳥一口吞掉了。

「每一枚貝殼都有孕育珍珠的能力」，這是多麼振奮人心的一句話！沒錯，無論你多麼平凡、多麼卑微，只要你擁有至高無上的信仰，能讓你的精神無限地接近崇高，那麼哪怕只是一枚最普通的貝殼，也能孕育出世界上最大最美的珍珠。

*20*世紀世界最偉大的成功學大師卡內基說：「多數人都擁有自己不瞭解的能力和機會，都有可能做到未曾夢想的事情。」

也就是說，你沒有不配得到的事物，你可以擁有一切想要的事物。

假如公司提供了一個經理的名額，你恰好想要競爭這個職位，但無論如何努力、業績如何優秀，你都無法贏過其他同事，最終也與經理的位置失之交臂。失敗的原因不是能力的問題，而是你內心深處的「不配得」情結。它像個魔咒一樣，在你的心底不停吶喊：「我不配得到這個工作！」而潛意識接受了內心深處的這個意願，讓你表面上做的一切努力都白白浪費。

如果想要成功，你就需要從內心深處戰勝「不配得」情結，大聲地喊出自己的意願：「我一定會得到這個職位！」「我非常確定能獲得美好的生活。」一旦戰勝了這種情結，你也就獲得了心想事成的力量。

信仰是一種機動性的力量，不過這種力量不是普通的力量，而是一種在你內心活躍著的力量。正如我們的身體是依靠食物所產生的熱量構築起來的一樣，生命之所以活躍、有意義，並不僅僅是憑藉本身的力量，還因為我們從信仰之中獲得了力量。放下你的「不配得」情結，任何人都能擁有自己獨特的力量。請記住，你就是你，一個別人無法替代的人物，而你擁有的，別人也永遠無法奪走！

能量摘要 >>>

※將自己的善良和愛傳播給更多的人，讓更多的人受益，這種造福就是崇高的信仰。

※人們一旦擁有了信仰，就有了開拓未來的能量與立足世界的精神資本。當你身處浮躁、空虛與冷漠之中時，高貴的信仰可以成為慰藉你的精神食糧，這種正向的能量可以讓你的身邊環繞著同樣積極的能量場。

※尊嚴是一個人做人的根本，無論什麼時候，我們都應該挺直脊樑，用行動捍衛自己的尊嚴。哪怕陷入谷底，需要他人的協助才能脫離困境，你也絕不能出賣自己的尊嚴。

※實現心願並非什麼難事，你只需時刻將自己置於美好的心願中，那麼真正實現心願的日子也就近在咫尺了。

※每個人都可以按照自己的渴望設計人生，如果你始終覺得自己的夢想太過於遙遠，不妨每天這樣告訴自己：「我離夢想很近。」「我的心願早已經完成，此時只是讓我的夢想更加豐富與完美。」

※一個人若能不受外在的限制與束縛，不向生命中的阻礙妥協與低頭，懂得追求人生、探索生命，那麼他的生命價值就得以體現，人生的信仰也會因此閃耀。

※請擺正你的人生價值標準，將自身的能量運用到正確的方向。在各個階段的生命實現你的願望，並組成最有價值的人生。

※當擁有了堅定的意志，你內在的能量就永不枯竭，它會激勵你永遠拚搏向前，直到接近自己的目標與夢想。

※在接受信仰指引的同時，我們切不可執拗地認為不費任何力氣就能擺脫困境，那樣只會讓信仰失去全部的意義。

※放下你「不配得」的情結，任何人都能擁有自己獨特的力量。請記住，你就是你，一個別人無法替代的人物，而你擁有的，別人也永遠無法奪走！

第六章　勇氣不竭

成功不是終點，
失敗也不是終結，
只有勇氣才是永恆。

——【英國】溫斯頓．邱吉爾

面對內心的恐懼

在人類的發展進程中，「恐懼」一詞一直伴隨著人類的成長。從最早的人類恐懼野獸開始，到現在人們恐懼犯罪分子，恐懼的對象變了，但恐懼的本質還是相同的。我們恐懼的不是某一種事物，而是恐懼本身。

從自然的角度來看，人類是很容易受到侵害的物種。我們生活在一個無法控制的環境中，一切都不能靠自己掌控。但實際上，我們所瞭解到的那些暴力事件、恐怖攻擊等，人一生中能遇到幾次呢？很少，甚至我們很多人一輩子也不會遇見一次。很少有人是因為自身經歷過才會害怕，只是透過社會上的所見所聞，再加上自己的見解，讓那些所謂的恐懼更加逼真。戰勝恐懼的最好辦法就是讓內在充滿勇氣，直面內心的恐懼。

勇氣（courage）這個詞源於拉丁字根「cor」（心），它代表著勇氣與心同在。心的道路即是勇氣的道路，心永遠想著探險，那麼勇氣自然是探險中的利刃，一路上披荊斬棘。勇氣是一種內在的能量，會讓你獲得無限的力量，從而保持高昂的鬥志去面對困難與艱險。當人們的內心產生了勇氣的時候，任何艱難險阻都無法阻擋他前進的腳步。

37歲的麥克·英泰爾做出了一個瘋狂的決定，他打算放棄薪水優厚的工作，只帶乾淨的衣服，從陽光明媚的加州，靠搭便車與陌生人的仁慈，橫越美國，去美國東海岸北卡羅萊納州的恐怖角。這只是他在精神快崩潰時做出的決定。

某個午後他忽然哭了，因為他問了自己一個問題：如果有人通知我今天死期到了，我會後悔嗎？答案竟是那麼肯定。雖然他有不錯的工作，有美麗的女友，有至親好友，但他發現自己這輩子從來沒有下過什麼賭注，平順的人生從沒有高峰或低谷。他檢討自己，很誠實地為自己的恐懼開出一張清單：小時候他就怕保姆、怕郵差、怕鳥、怕貓、怕蛇、怕蝙蝠、怕黑暗、怕大海、怕城市、怕荒野、怕熱鬧又怕孤獨、怕失敗又怕成功、怕精神崩潰……他無所不怕，為自己懦弱的前半生而哭。於是他選擇了北卡羅萊納州的恐怖角作為最終目的地，藉以象徵他征服生命中所有恐懼的決心。最後，他成功了，沒有接受任何金錢的饋贈，經過了四千多英里路，78頓餐，仰賴82個陌生人的仁慈，他終於來到恐怖角。他此行的目的並不是為了證明金錢無用，只是用這種正常人難以忍受的艱辛旅程來使自己勇敢地面對所有的恐懼。

麥克·英泰爾承認自己懼怕一切東西，但他能做出一個如此瘋狂的決定，其勇氣實在令人讚嘆。而命運也給了他一個巨大的回報，那就是讓他戰勝了內心的恐懼。試想一下，面對那些讓自己感到恐懼的事物時，你是否也會有他這麼大的勇氣呢？你是不是也會讓勇氣的利劍穿透恐懼的迷霧呢？

曾獲諾貝爾文學獎的奈及利亞著名作家渥雷·索因卡說過：「人類應該致力於驅散恐懼的

迷霧，而不是沉溺其中。」生命賦予了你勇氣，就是要讓你借助它的力量來直面恐懼。只有內心強大的人才敢於面對一切事物，而你堅強勇敢的內心正是這個世界上最有力量的「兵器」。因此，請讓你內在的勇氣發揮作用，驅散一切陰暗的迷霧，直面生命中的所有恐懼。

消除心中的尷尬與疑慮

很多人在表現自己的時候都會心存尷尬與疑慮——一部分人覺得在別人面前展現自己的能力是件令人難堪的事；一部分人總會擔心別人會看不起自己，從而疑慮重重；一部分人會有一種類似本能的恐懼，害怕對他人袒露自己。其實這些想法都是可以避免的，只要你有一顆勇敢的心，並且敢於將自己的優勢展現給他人。這樣做之後，你必然能獲得勇氣帶給你的全新力量，從而消除內心的各種消極情緒以及負向能量。

*19*世紀時的法國，有一個窮困潦倒的青年從鄉下流浪到巴黎。他找到父親的一位朋友，希望他能夠幫自己找到一份工作，使自己能在這個大城市中站住腳。寒暄之後，父親的朋友問他：「年輕人，你有什麼特長呢？精通數學嗎？」青年羞澀地搖搖頭。

「歷史、地理怎麼樣？」青年還是不好意思地搖搖頭。

「那麼法律或別的學科呢？」青年再一次窘迫地低下頭。

「會計怎麼樣……」

面對父親朋友的發問，青年都只能以搖頭作答，他的反應告訴對方：自己一無所長，一無是處，連一點優點也找不出來。

父親的朋友並沒有對這位青年失去耐心，他對青年說：「那你先把自己的地址寫下來吧，你是我好朋友的孩子，我總得幫你找一份差事做呀。」

青年的臉漲得通紅，羞愧地寫下了自己的住址，就急忙想轉身逃開，離開這個令自己深感恥辱的地方。可是在他剛要走的時候，父親的朋友叫住了他，並說：「年輕人，你的字寫得很漂亮嘛，這就是你的優點啊，你不該只滿足找一份餬口的工作。」青年聽完後疑惑地看著父親的朋友，但他很快就在父親朋友的眼裡看到了肯定的答案。

告別父親的朋友，青年走在路上浮想聯翩：我能把字寫得讓人稱讚，那我的字就是寫得很漂亮了；能把字寫得漂亮，我是不是也能把文章寫得好看、引人入勝呢？

受到初步肯定和鼓勵的青年，開始把自己的優點置於放大鏡下。他一邊走一邊想，興奮得腳步都輕快起來。從此之後，這個青年開始發憤自學。數年後，這個原來沮喪失望的青年果然寫出了享譽世界的經典之作，成了一位非常傑出的作家，他就是家喻戶曉的法國著名作家大仲馬。

對自己的能力感到懷疑，認識不到自己的優勢是許多人都會犯的通病。正如大仲馬一樣，他並沒有意識到自己的長處，而是為自己的「一無所長」感到尷尬。直到父親的朋友一語點醒了他，大仲馬才發現自身的優點，從而發憤自學，最終成為了家喻戶曉的作家。

如果你戰勝了內心的尷尬與疑慮、充分地認識自己，你就會獲得顯著的成功。當內心充滿勇氣時，你就會被一個正向能量場包圍，而你傳遞給他人的能量，也將會是正向的、積極的。你可以把視線聚焦在自己的優勢上，不再懷疑自己的能力，不要因為向他人展示自己而尷尬，不要因為害怕別人看不起自己而疑慮重重。勇敢地前行吧，因為你也有自己的閃光點，你的閃光點將是別人永遠無法擁有的優勢。

擁抱自己的陰影

每個人都會有屬於自己的個人特質，但在成長的過程中，這些特質有時候會與家庭、社會以及他們所處的生存環境格格不入。人們害怕與外界存在差異，便在無意識中壓抑自己的一切特質。陰影就這樣產生了。

陰影是我們對自己的否定。如果你認為自己是一個成功的人，那麼內在的陰影就會與你作對，提示你「我是一個失敗的人」。隨著我們逐漸成長，人格逐漸完善，我們內在的陰影也會逐漸增多，這些陰影帶來的負向能量也就越強大。

有一個女孩，她從小的夢想是成為一名歌唱家，可是她長得並不好看。她的嘴很大，暴牙，每一次公開演唱的時候，她總會把上嘴唇往下抿蓋住牙齒，想要表演得「很美」。結果她卻總也逃脫不了失敗的命運。為此，她感到非常痛苦。

有一天，她在表演時，一個人走過來對她說：「我跟妳說，我一直在看妳的表演，我知道妳想掩蓋的是什麼，妳覺得妳的牙長得很難看。」這個女孩聽到後很悲傷，卻沒有說什麼。那個人繼續說：「可是，難道說牙齒難看就罪大惡極嗎？不要去遮掩，張開妳的嘴，觀眾欣賞的是妳美妙的歌聲。再說，那些妳想遮起來的牙齒，說不定還會帶給妳好運呢。」女孩接受了他的忠告，以後沒有再去注意牙齒。從那時候開始，她只想到她的觀眾和她的歌聲，心裡無所顧忌，熱情而愉快地唱著。後來，她成為了一位著名的歌星。

大多數人都會有這樣的經歷，在成長過程中，總會對自己的體態、相貌過分挑剔，總認為自己微小的瑕疵會影響工作、生活、人際關係甚至未來。這些人往往把缺點看成身體中的「毒瘤」，不敢輕易觸碰，更不敢讓其他人看見，整日畏畏縮縮、鬱鬱寡歡。其實，這都是沒有必要的。當你害怕自己的缺點而感到恐懼時，這種心態不僅壓抑你自己，還會在你周圍產生一種負向能量場，這個能量場會吸引來一切負向的事情，從而讓你的生活更加不如意。

在這種情況下，你需要接受自己的陰影，學會擁抱自己的陰影。這樣做不但能讓你更瞭解自己，還可以讓自己變成一個比較完整的人。接受陰影的過程中，你不要抱持批判的態度，因為這種批判會令陰影擴張得更大。你需要溫柔地對待它，不斷地與它接觸。人本身的許多能量都被壓抑在陰影之中，一旦你完全接受了陰影，那麼這些能量自然會被釋放出來，用在積極與美好的地方。

擁抱自己的陰影需要一種勇氣，而你在這個過程中能慢慢學會接受生命中的不完美。世界上最難改變的就是自己，最難認清的也是自己。如果能勇敢地面對自己，改變自己，那麼無論生命中出現什麼艱難險阻，你都會充滿勇氣地去迎接它們。當你與自己的陰影友好相處之後，愛與美好就會在你的體內與外在流動，整個宇宙也會賜予你無限的力量。

持續而積極地進行自我肯定

心理學家瑪律茲曾提到：「我們的神經系統是很『蠢』的，你用肉眼看到一件喜悅的事，它會做出喜悅的反應；看到憂愁的事，它會做出憂愁的反應。」研究發現，積極的自我暗示能激發人體內的能量，使人變得自信與樂觀。

當你持續而積極地進行自我肯定時，你的神經系統就會接收到你的這一暗示，並做出積極的反應。它不斷地激發你內在的正向能量，讓你的生活朝著更美好的方向發展。威望極高的教練員約翰·伍登正是透過不斷的積極暗示和持續的自我肯定，才帶領球隊贏得一次又一次的勝利。

在約翰·伍登40年的教練生涯中，他所帶領的高中和大學球隊獲勝的機率在80％以上，在全美12年的籃球年賽當中，他所帶領的球隊曾替加州大學洛杉磯分校贏得10次全國總冠軍。如此輝煌的成績，使伍登成為大家公認的有史以來最稱職的籃球教練之一。

曾經有記者問他：「伍登教練，請問你如何保持這種積極的心態？」

伍登很愉快地回答：「每天我在睡覺之前，都會提起精神告訴自己：我今天的表現非常好，而且明天的表現會更好。」

「就只有這麼簡短的一句話嗎？」記者有些不敢相信。

伍登驚訝地問道：「簡短的一句話？這句話我可是堅持了20年！重點和簡短與否沒關係，關鍵在於你有沒有持續去做，如果無法持之以恆，就算是長篇大論也沒有幫助。」

伍登教練不僅在工作中時刻保持積極的心態，在生活中也是一個積極樂觀的人。例如有一次他與朋友開車到市中心，面對擁擠的車流，朋友頻頻抱怨，但伍登卻欣喜地說：「這裡真是個熱鬧的城市。」

朋友好奇地問：「為什麼你的想法總是異於常人？」

伍登回答說：「一點都不奇怪，我是用心裡所想的事情來看待生活的，不管是悲是喜，我的生活中永遠都充滿機會，這些機會的出現不會因為我的悲或喜而改變，只要不斷地讓自己保持積極的心態，我就可以掌握機會，激發更多的潛在力量。」

「我今天的表現非常好，而且明天的表現會更好。」這句話看似簡單平實，卻充滿巨大的勇氣與力量，因為它是約翰．伍登教練對自己真心的肯定。真心的肯定往往具有神奇的力量，約翰．伍登教練正是利用了這股神奇的力量，肯定自己、暗示自己，因而讓自己勇敢地面對生活中的每一次機會與挑戰。

在瞭解了自我肯定的神奇力量之後，你也可以在面對問題而想要退縮的時候進行一次這樣的自我肯定。首先，肯定的話語應當具有明確的事實依據，內容具體、針對性強。因為肯定的話語越具體，說明你對自己越瞭解，也就越能發掘自己潛在的勇氣與力量，化解生命中的難題。例如，你可以對自己說：「我一定能夠解決工作中的難題，因為我內心充滿勇氣。我不會被困難壓垮，今天我所做的一切都是為了解決困難！」這樣持續一段時間以後，你就會發現，自己的身體中出現了一股強大的力量，而且它們會隨時聽從你的調遣，這就是自我肯定的力量。

任何人都喜歡聽到讚美，但很多人常常善於誇獎別人，卻從來不會讚美自己。我們的身體以及所有神經都需要來自自我的肯定，這樣才能凸顯它們的價值。而唯有自己先肯定自己，才能獲得更多人的肯定。請持續而積極地進行自我肯定，這樣的你在人群中才會脫穎而出，展現充滿非凡的意志與勇氣的自己。

告訴自己「我無所不能」

「『可能』問『不可能』住在什麼地方。『不可能』回答，在那無能為力的夢境裡。」這是印度詩人泰戈爾《飛鳥集》中的一段話。有些人總是把「不可能」三個字掛在嘴邊，無論是對待工作，還是對待生活，他們總覺得無能為力。這也正驗證了泰戈爾的那段話，你覺得不可能，是因為你從心裡對一切感到無能為力。

而實際上，世間沒有任何事是不可能的，只要你內心深處還存在勇氣，只要你還能勇敢地挑戰那些「不可能」的事情，那麼一切都會變得可能。

成功學大師戴爾·卡內基年輕時的理想是成為一名作家，但由於貧窮，他未能接受很好的教育，因此，有朋友認為他成為作家的夢想「不可能實現」。於是，年輕的卡內基存錢買了一本最好的、最完整的、最漂亮的字典，然後做了一件奇特的事，找到「不可能」(impossible)這個詞，用小剪刀把它剪下來，然後丟掉。於是他有了一本沒有「不可能」的字典。

正如拿破崙所說：「我的字典中沒有『不可能』的字眼！」卡內基不僅在行動上與他如出一轍，更為自己真正做了這樣一本沒有「不可能」的字典。而他最後也確實做到了將一切事情轉化成「可能」，成為備受尊敬的成功學大師。

人的一生之中，很多時候都會陷入一種因循守舊的狀態中，不敢去嘗試那些自認為「不可能」的事情，也因此錯失了許多創造奇蹟的機會。我們置身於一個競爭激烈、充滿挑戰的社會，如果總是跟隨他人，不敢挑戰與嘗試，那麼怎麼融入這個社會？無論身處何種情境，我們都需要讓自己大膽一些，對那些自認為不可能的事情投入極大的勇氣，這樣在嘗試的過程中才能讓所有的事情變為可能。

湯姆生下來的時候，只有半隻左腳和一隻畸形的右手。為了不讓他因為自己的殘疾而感到不安，他的父母從來沒有把他當成一個殘疾孩子對待。所以，其他男孩能做的事，他也能做到。

後來當他開始踢橄欖球時，他發現自己居然能把球踢得比任何一個在一起玩的男孩子都遠。於是他請人為自己專門設計了一隻鞋子，並參加了踢球測驗。最後，他得到了衝鋒隊的一份合約。但教練婉轉地告訴他說「你不具有做職業橄欖球員的條件」，建議他去試試其他的行業。後來，湯姆並沒有因此而放棄，而是申請加入了紐奧爾良聖徒球隊，他堅信自己能夠做得和其他人一樣，甚至更好。教練雖然心存疑慮，但是湯姆的執著打動了他，決定把湯姆留在隊裡。

兩個星期後，教練對他的好感加深了，因為他在一次友誼賽中踢出了55碼並且為本隊得了3分。這使他獲得了專為聖徒隊踢球的工作，而且在那一季中為他的球隊得了99分。

他一生中最偉大的時刻到了。那天，球場上坐了六萬六千名球迷。球在28碼線上，比賽只剩下幾秒鐘。這時球隊把球推進到45碼線上。

「湯姆，進場踢球。」教練大聲說。

湯姆進場時知道他的隊距離得分線有55碼遠，是由巴爾的摩雄馬隊畢特．瑞奇踢出來的。球傳接得很好，湯姆使盡全力一腳踢在球身上，球筆直地前進，幾萬名球迷屏息凝視。終於，終端得分線上的裁判舉起了雙手，湯姆踢出的球在球門橫杆之上幾英寸的地方越過，贏得了寶貴的3分。最後，湯姆所在的隊以19比17獲勝。球迷為踢得最遠的一球而興奮，這是只有半隻腳和一隻畸形手的球員踢出來的！

「真是難以相信。」有人大聲叫，而湯姆只是微笑。他想起他的父母，他們一直告訴他的是他能做什麼，而不是他不能做什麼。湯姆之所以創造出這麼了不起的紀錄，正如他自己所說：「父母從來沒有告訴我，我有什麼是不能做的。」

你可以像湯姆的父母一樣，告訴自己能做什麼，而不是自己不能做什麼。你能做的事情越多，就越能從這些事情中獲得勇氣，而這些勇氣會讓你迎接更多的挑戰。那麼，請告訴自己「我無所不能」，因為只要努力，一切不可能都會轉化成可能。

當勇敢地面對人生各種問題，付出自己的能量與稟賦時，你就會從中獲得無限的收穫。你是擁有強大力量的生命體，一旦掌握了戰勝不可能事情的勇氣，這個物質世界的限制對你而言，就完全不是問題。只要你戰勝了不可能，那麼宇宙就會賜予你無限的力量，汲取了宇宙源頭的這股力量，你就能實現每一個想要達成的願望。

鎮定而謹慎地面對一切

英國著名作家狄更斯曾經說：「無論做什麼事情都不要著急，不管發生什麼事，都要冷靜、沉著。」特別是在危難時刻，我們更不能一味地魯莽行事，而是需要屏住氣息，讓心沉靜下來，鎮定而謹慎地面對一切。

第二次世界大戰期間，法國有一位普通的家庭主婦，她的丈夫雷諾在馬其諾防線被德軍攻陷後，成了德軍的俘虜，她的身邊留下兩個幼小的孩子——12歲的雅克和10歲的賈桂琳。為把德國強盜趕出自己的祖國，母子三人參加了當時的秘密情報工作。

一天晚上，屋裡闖進了三個德國軍官，其中一個是當地情報部的官員。他們坐下後，一個少校軍官拿著一張揉皺的紙就著昏暗的燈光吃力地閱讀起來。這時，那個情報部的中尉順手拿過藏有情報的蠟燭點燃，放到長官面前。情況變得危急起來，雷諾夫人很清楚，蠟燭燃到鐵管處就會自動熄滅，那也就意味著他們一家三口的生命將告結束。她看著兩個臉色蒼白的孩子，急忙從廚房中取出一盞油燈放在桌上。

「瞧，先生們，這盞燈更亮些。」說著輕輕地把蠟燭吹滅，一場危機似乎過去了。但是，沒過多久，那個中尉又把冒著青煙的燭芯重新點燃，「晚上這麼黑，多點支小蠟燭更好嘛。」他說。蠟燭發出微弱的光。此時此刻，它彷彿成為這房間裡最可怕的東西。一旦這個情報中轉站暴露，後果將不堪設想。

這時候，雅克慢慢站起，「天真冷，我到柴房去搬些柴來生火吧。」說著伸手端起燭臺朝門口走去，屋裡頓時暗下來。中尉快步上前，厲聲喝道：「你不用燈就不行嗎？」一把將燭臺奪回。

時間一分一秒地過去。突然，小女兒賈桂琳嬌聲對德國人說：「司令官先生，天晚了，樓上黑，我可以拿一盞燈上樓睡覺嗎？」少校看了看這個可愛的小女孩，一把將她拉到身邊，親切地說：「當然可以。我家也有一個像妳這樣年紀的小女兒。」賈桂琳鎮定地把燭臺端起來，向幾位軍官道過晚安，上樓去了。正當她踏上最後一級樓梯時，蠟燭熄滅了。

在災難一觸即發的時刻，小女孩賈桂琳沒有畏懼，而是鎮定而又謹慎地應對一切，從而挽救了一家人的生命。人生無常，危難難免會降臨到人們身上。但並不是所有的事情都要勇敢地接受挑戰，有時候鎮定也是另一種勇敢。

當出現危難的時候，與其逃避它、拒絕它或魯莽地挑戰它，不如對它進行仔細地觀察。這些危難以及不美好的事物雖然會讓你產生不舒服的感覺，但是當你以冷靜勇敢的心觀察它時，事情往往就會有所轉變。在觀察危難的時候，你需要注意的是，不要強迫自己去面對，而要單純地去感受眼下的境況，在最平和穩定的環境下，用勇敢與理智的心去尋找化解危機的方法。

勇敢的定義很廣泛，並不是只有站在困境的前端拿起刀槍迎難而上才是勇敢，有時候，鎮定而謹慎地迎接危險的到來也是一種勇敢。這種勇敢表現的是一種心態，一種明知危險到來仍然鎮定自若的勇敢。而一旦擁有了勇氣賦予你的力量，那麼對於生命中出現的各種危險，你都能輕鬆應對。

萬事萬物都在此刻被創造出來

萬事萬物都是在此刻被創造出來的，可以是一隻小蟲子、一隻小鳥，也可以是一朵花、一棵樹。世界上所有的事物都是在當下被創造出來的，而這種當下的創造力使我們面前的世界呈現出如此多彩的樣子。

也許有人會反駁：「我就不是在此刻被創造出來的，我是某某年出生的。」的確，這在某方面來說是正確的，每個人都是在某某年出生的，但並不能說他出生的那年創造了他。過去的一切都已經過去，唯有現在才是正在進行中的。你可以說你是在某某年出生的，但不能說你是在某某年被創造的，過去不可能擁有創造現在的能力，更不可能創造出現在如此優秀的你。有誰在出生的時候就瞭解幾十年後自己的樣子嗎？沒有，因為那時的當下創造出的只是一個會哭的小嬰兒，並非此時的你。

當下有著無比強大的能量，每件事情的發生與發展都是在當下這一刻產生的。但許多人忽略了當下的力量，寧肯活在過去和未來，寧肯對自己的過去誇誇其談或是對未來抱有虛無飄渺的幻想，也不願將自己的意識放在當下，並從中獲取改善過去、扭轉未來的力量。

一位智者旅行時，途經古代一座城池的廢墟。歲月已經讓這座城池滿目瘡痍了，但依然能看出它昔日輝煌時的風采。智者想在此休息一下，就隨手搬過一個石雕坐下來。他望著廢墟，想像著曾經發生的故事，不由得感慨萬千。

忽然，他聽到有人說：「先生，你感嘆什麼呀？」他四下裡望了望，卻沒有人。他正疑惑著，那聲音又響起來，聲音來自那個石雕，原來那石雕是一尊「雙面神」像。

他從未見過雙面神，就好奇地問：「你為什麼會有兩副面孔呢？」

雙面神說：「有了兩副面孔，我才能一面察看過去，牢牢汲取曾經的教訓；另一面瞻望未來，去憧憬無限美好的明天。」

智者說：「過去的只能是現在的逝去，再也無法留住；而未來又是現在的延續，是你現在無法得到的。你不把現在放在眼裡，即使你能對過去瞭若指掌，對未來洞察先知，又有什麼實在意義呢？」

聽了智者的話，雙面神不由得痛哭起來：「先生啊，聽了你的話，我才明白我今天落得如此下場的根源。」

「很久以前，我駐守這座城池時，自詡能夠一面察看過去，一面瞻望未來，卻唯獨沒有好好把握現在。結果這座城池被敵人攻陷了，昔日的輝煌都成了過眼雲煙，我也被人們唾罵而棄於這廢墟中。」

智者的話如甘甜的泉水一般，讓雙面神翻然悔悟。

「過去的只能是現在的逝去，未來又是現在的延續，無法得到。」我們總是忙不迭地過日子，總是透支生活的煩惱，不是為昨天的逝去而懊惱，就是為明天的到來而擔憂，根本沒有時間體悟當下的力量，更沒有時間來開發當下的創造力。

如錦緞般盛開的鮮花，最初只是一粒微小的種子，但在此時綻放，在此時為人們展露出笑顏；如碧玉般的溪水，最初只是一滴輕盈的水珠，但在此時流淌，在此時解決了生靈的乾渴。萬事萬物看似靜止不動，實際上每時每刻都在發生變化，正是由於當下這種巨大的創造力，讓世間的一切都展現出它最美好、最有活力的一面。你此時的一切成就都是在此刻被創造，唯有你認真地對待當下，認真地活在當下，才能讓創造力源源不斷，讓每一時刻的你都是最優秀的樣子。

找到你當下的激情

在希臘語中，「激情」被理解為「神在其中」，它很早就被賦予了神秘的色彩，而它的力量也確實如同它的解釋一樣，可以將「不可能」變為「可能」，讓夢想成為現實，甚至能化腐朽為神奇。因此，對於任何一個人而言，激情都是邁向成功的動力之源，我們正是因為有了激情，才能在當下發揮驚人的創造力。

相反的，如果沒有激情，那你就失去了前進的動力，不願意做事，也不願意進取。如果在這個時候有人強迫你做事，儘管你可能迫於情面將事情做完，但是在這個過程中，你感受不到任何的樂趣，只會覺得是一種折磨。而激情可以點燃創造的欲望，會讓你時刻保持高昂的鬥志，將自身的能量無限地釋放到所創造的事情中，而每一件帶有激情的事情都會變得與眾不同。

拿破崙發動一場戰役只需要兩週的準備時間，換成別人很可能會需要一年。之所以會有這樣的差別，正是因為拿破崙那無與倫比的激情。戰敗的奧地利人目瞪口呆之餘，也不得不稱讚這些跨越了阿爾卑斯山的對手：「他們不是人，是會飛行的動物。」拿破崙在第一次遠征義大利的行動中，只用15天時間就打了6場勝仗，繳獲了21面軍旗、55門大炮，俘虜了一萬五千人，占領了皮德蒙特。

在拿破崙這場輝煌的勝利之後，一位奧地利將領忿忿地說：「這個年輕的指揮官對戰爭藝術簡直一竅不通，用兵完全不合兵法，他什麼都做得出來。」但拿破崙的士兵也正是以這麼一種根本不知道失敗為何物的熱忱跟隨他們的長官，從一個勝利走向另一個勝利。

拿破崙雖然可能不算一個戰爭藝術方面的專家，但他是一個帶軍打仗的天才。他的一腔熱血和激情使他贏得了一次又一次的勝利。因此，與其說勝利鍾情於有才能的人，不如說鍾情於有激情的人。如果有人以半憐憫、半輕視的語調稱你為狂熱分子，那麼就讓他說去吧，這完全是因為你具有他所沒有的激情。當一個人對某件事情投入無比巨大的能量時，根本沒有時間去考慮別人的評價，但世人終究會看清他所創造的一切價值。

對於一個有能力的人而言，倘若他沒有激情，那麼，他的能力大多也發揮不出來；而對於一個充滿激情但能力有所欠缺的人而言，只要他一直充滿激情，那麼他的能力一定會在激情的促使下不斷增強。

很多人認為，只有奮鬥的時候才需要激情，當自己已經達到了一定的生活水準之後，就不再需要激情了，因為生活的富足已經滿足了自己所有的需求。其實不然，激情是我們生活的原動力，是讓我們在當下創造一切的重要因素。如果沒有激情，做什麼事情都了無生趣，生活也必然失去應有的快意。激情勝於能力，激情能提升能力，因此，不管我們今天的能力是否足夠，一定要讓自己時刻保持激情，那樣我們才能在當下的每一刻創造出全新的成績、全新的自己！

在危機中創造轉機

陸游在《遊山西村》中寫道：「山重水複疑無路，柳暗花明又一村。」詩人不僅將山巒重疊、流水潺潺的迷路圖景刻畫得維妙維肖，更讓人們從中領悟到一個深刻的哲理：只要人們能從危機中撥開層層迷霧，自然能見到繁花似錦的美景。也就是說，無論在怎樣的危機情況下，我們都能為自己找到一個通向光明的入口，從而在當下的危機中創造出轉機。

美國鋼鐵大王安德魯·卡內基是美國一家鋼鐵公司的老闆。他一直想有大的發展，兼併一些大的鋼鐵公司，但一直未能如願。後來，美國全國性的罷工越來越多，所有的鋼鐵企業包括卡內基的公司都受到強烈的衝擊。對一般人來說，這無疑是一場危機。但聰明的卡內基在危機之中保持了清醒的頭腦，為自己創造出轉變境遇的機會。他積極採取有力措施，使公司盡快從罷工中解脫出來。

卡內基累積了處理罷工問題的經驗，同時積極儲備資金。在此基礎上，他密切注意各個競爭對手的狀況，及時抓住機會，將這些處於罷工困境中的公司一家家兼併過來。卡內基的公司獲得了跳躍式的發展，其鋼鐵產品在全國市場上的占有率從1/7增到1/3，成為美國最大的鋼鐵公司。

卡內基的成功就是一個在危機中創造轉機的經典案例。在中文裡，「危機」與「轉機」只有一字之差，但意思大大不同。通常，毫無創造力可言的人往往只看到所處的糟糕境況，卻從未細心留意危機中的那些微小轉機，因而只能被困境束縛住了身心，從而一敗塗地。但那些膽大心細、敢於創新、善於把握機遇的人，就能撥開層層迷霧抓住機遇，從而在當下創造出耀眼的成績。

創造力是一種可以讓你想像以及回應的能量。一旦創造力高速地運轉起來，宇宙的力量就會藉由你發散出來，而你也會被創造力的巨大能量所折服。因此，在面對危機的時候，你完全可以利用創造力的能量改變眼前的不利境況。

首先，你需要對此時的一切作出敏銳的感知，因為感知會將你與任何事物連接在一起。你感知到糟糕，才能在內心升起對美好境況的渴望。這種渴望會讓你的內在產生改變一切的念頭，從而將你期待的一切事物帶給你。接著，你要全然地接受此時的境況，即使此時危機重重。接受環境並不等於受環境挾制，而是讓你以旁觀者的角度去看待此時的境況。只有你真正接受了此時的境況，才能以敏銳的觀察力與清晰的頭腦去尋找方法創造轉機。當你終有一天面對危機無所畏懼，甚至能在其中發現暗藏的轉機時，就不會再懷疑創造力的巨大能量了。

危機與轉機彷彿是硬幣的兩面，當你只看到危機的字樣時，轉機也同時握在了你的手中。所以，當看到危機時，你不妨翻過硬幣，看一看隱藏在危機背後的轉機，這樣你往往就會豁然開朗。危機之中蘊涵著轉機，只要你善於發現，並且把無限的精力投入到當下，那麼你一定會從危機中發現機遇，從而為自己創造出一幅「柳暗花明」的美景。

想像力讓生命擁有靈動感

如果將人生比作一條長河，那麼想像力就是長河中的朵朵浪花。大膽的猜測和標新立異的假說，這些富有創造性的想法往往都具有強大的力量，可以幫助你從混沌之中探索出路，從黑暗之中發現光明。

美國著名作家克里斯汀．拉爾森說過：「大師心智的秘密，就在於想像力的全然運用之中。」這正是告訴人們，勇於想像那些不可能的事，全然地運用想像力，才能打破束縛自己的屏障，獲得創造一切的力量。你的整個人生就是自己想像出來的模樣，你想像什麼，就會接收到什麼。因此，在人生的各個階段，你都不要忘記想像力這個最佳工具，盡可能多地想像美好的事情。因為你所能想到的最好狀況，宇宙往往都會回饋給你。

1882年，費勃出生在法國馬賽市，他的爸爸是一位造船師。有一天，小費勃跟著爸爸來到海邊玩，看到遠處的大海上駛來了一條船，便好奇地說：「爸爸，船為什麼能在水裡跑呀？」

「船下有螺旋槳，能夠划動水，水動了，就把船推走啦。」爸爸樂呵呵地說。

「有沒有在天上飛的船呢？」小費勃好奇地問。

「傻孩子，那就不叫船啦，應該叫飛機才對。不過，飛機只能在天上飛，不能在水上跑。」

「嘿！長大了，我一定要造一艘能飛到天上的船。」小費勃握緊了拳頭，認真地說。

「有出息！現在好好學習，將來才能實現這個美好的願望！」爸爸欣慰地拍了拍小費勃的肩。

轉眼到了1905年，23歲的費勃先後完成了工程學、流體學、空氣動力學等學科的學習，真正開始了飛船的製造。經過4年的努力，他造出了第一艘水上「飛船」，其實就是在一般的飛機上安裝3個浮筒，使飛機能浮起來，但是無法飛起來。直到1909年，他才造出一艘與眾不同的「船」：機身前面是一個浮筒，機翼下面還有兩個浮筒；機翼安裝在機身的後面。整個「船」的架構是木頭做成的，浮筒是膠合板製成的，整個「船」既輕巧又靈便。

1910年3月28日，費勃帶著他自製的這艘與眾不同的「船」，在馬賽市的海面進行試驗。在眾人的關注下，他啟動了發動機，隨著一陣轟鳴聲，「船」像離弦的箭般向前飛奔起來。他成功了，他的「船」以每小時60公里的速度直線飛行，在空中飛行了500公尺左右，成為人類第一艘能夠飛上天的「船」，或者說是第一架能夠從水面上起飛的飛機！

第二年，在摩納哥舉行的船舶展覽會上，費勃駕駛著自己製造的船進行水上飛行表演，再獲成功。現在，科學家對費勃設計的水上「飛船」進行了改進，把機身改成了船形，取消了浮筒，成了真正的飛船。

費勃將童年時的想像變為了現實，從而創造了飛船。其實很多偉大的成就，都是從聽來有些荒誕的想像開始的。在學習的過程中，知識的貧瘠並不可怕，可怕的是想像力的貧乏。人的一切發明與創造都源於想像力。如果沒有想像力，一個人無論多麼博學，最多只能算是個圖書館，而永遠無法用自己的頭腦創造有價值的東西。

想像力是人的一種能力。一旦擁有了想像力，你就像擁有了創造的源泉，而這股想像的清泉會讓你的生命擁有靈動感。當你想像自己渴望擁有某種美好事物的時候，實際上就是將內在的能量集中到這種事物上，也就是讓能量場吸引一切相關的美好事物。你對那些美好的事物想像得越強烈，能量場吸引來的美好事物往往就會越多。這是一個充滿靈動感的過程，你渴望什麼、想像什麼，也就會得到什麼，生命也就會被這些渴望與想像的事物占滿。倘若你想在求知的路上不斷創造新的價值，那麼就請好好利用想像力這個工具。

不曾注意到的「盲點」

日本著名心理學家多湖輝教授談及盲點時提到：「自己看不到，這就是最大的盲點。」的確，我們常常欣喜地看待自己的優點，但對自己的缺點視而不見，其實這是一種逃避。當我們越是集中視線在優點上，視線也就越狹窄，自己能力的發揮也就會受到限制，自己創造的價值也會更加微小。反之，如果一個人善於尋找自己的盲點，並且善於利用那些原本不想看到的缺點，那麼他的視線範圍就會無限擴展。因為他不僅認清了自己的全部優勢，而且把缺點也加以利用，在這兩種力量的作用下，他創造出的價值也自然會更大。

艾柯卡的父親12歲時搭乘移民船從義大利來到美國，白手起家。他的父親雖然富有，給他的零用錢卻很少，因為父親希望艾柯卡像所有美國家庭的孩子一樣可以獨立自主。所以艾柯卡平時都是靠送報紙，替人家割草，打掃清潔來賺錢買一些想要的東西。

一天，艾柯卡回家之後打電話給史密斯太太，問道：「史密斯太太，您需不需要割草工？」

史密斯太太回答：「不需要，我已經有固定的割草工了。」

他又說：「我還會幫您拔掉花園中的雜草。」

史密斯太太說：「我的割草工也是這麼做的。」

他又說：「我還能免費幫您把花園通道兩邊的草修齊。」

史密斯太太回答說：「我請的割草工也是這樣做的。我很滿意他的工作。你再到別的地方問問吧，謝謝你。」

艾柯卡的媽媽聽了以後感到很奇怪，問道：「你現在不就在史密斯太太家修剪草坪嗎？為什麼還要打電話呢？」

艾柯卡回答說：「我只是想知道我還有哪些地方做得不夠好，這樣我才能進行改進，才能比別人擁有更多的工作機會，才能賺到更多的錢。」

艾柯卡真的很聰明，他善於借助外界來尋找自己的盲點，這的確是一個擁有「盲點力」不錯的方法。你可以聚集幾位親朋好友，讓每個人把你不知道的自己的缺點寫出來，接著針對每個自己不曾發現或是故意視而不見的「盲點」進行集中突破，直到讓盲點變成生命中的閃光點。為了觀察自己的盲點，你還可以在做每一件事之前都問一問自己：「如果不這樣做會怎麼樣？」這樣問的目的就在於找回逍遙自在的你。如果一件事不這麼做，那麼必然會減少許多束縛你的東西，會讓你以一種全新的視角來觀察自己，當纏繞在你身上的束縛減少後，你就能以一種更純淨的心思去觀察生活中以及自身的每一個盲點了。

無論你是否承認自己擁有的事物，或是對自己不喜歡不想要的東西矢口否認，都無法讓那些東西消失，因為它們已經存在。即便你對它們視而不見，那些已經存在的事物仍然獨立地生存於你的內在及身邊，想要成為你生命中不可或缺的一部分。「盲點力」可以讓你有意或無意地發現它們。無論有形的還是無形的事物，你都可以讓它們成為看得見、用得到的美好事物，發揮出各自非凡的價值。

作家周國平曾說：「每一個人的長處和短處是同一枚錢幣的兩面，就看你把哪一面翻了出來。換一種說法，就每一個人的潛質而言，本無所謂短長，短長是運用的結果，用得好就是長處，用得不好就成了短處。」也就是說，你身上的那些自己不想注意到的「盲點」，只是你不懂得加以利用而已，相信如果你能坦然地面對一切優點與缺點，那麼在這兩種能量的共同作用下，你會創造出更多有價值的事情，也能在當下的生活中活得更加愜意。

抓住一閃而過的靈感

正如流星劃過天際一般，我們的腦海中也經常劃過一個個新奇的念頭，它們就是靈感。靈感是創造力的源泉，往往能夠讓我們打破平時的思維桎梏，而閃現出智慧的火花，進而創造出意想不到的奇蹟。你可能會認為，靈感是那些天才特有的能力。其實不然，任何人都有獲得靈感的權利，只要你善於捕捉它一閃而過的光華。

當你認為自己無法獲得靈感的時候，其實是讓自身的能量降低對靈感的敏感度。你沒有那種強烈渴望靈感到來的願望，自然無法吸引來靈感的光芒。一切所思所感都會成為靈感產生的根源，你只需要讓自己對它產生強烈的渴望，以及做好迎接它的一切準備。這樣，你就能讓靈感為你創造出無限的價值，帶給你不同於以往的生命體驗。

曹操死後，他的長子曹丕繼位。曹丕生性多疑，唯恐幾個弟弟威脅他的地位，便先後藉口逼死了兩個弟弟，唯獨剩下三弟曹植。一天，曹丕命令曹植在大殿上在七步以內以「兄弟」為題吟詩一首，詩中還不能出現「兄弟」二字。如果曹植做不到，就要被殺掉。

曹植才華橫溢，常常是出口成章。他聽完哥哥的題目後，此情此景激發了他的靈感，隨即吟出了「煮豆燃豆萁，豆在釜中泣。本是同根生，相煎何太急」。這首詩非常生動形象地表達了曹植對哥哥無情殘害兄弟手足的悲憤。曹丕聽完也深受觸動，最後給曹植一條生路。

曹植在極其短暫的時間內就吟出了這首詩，正是腦海中閃現的靈感救了他一命。在特定的情景、氛圍中，靈感常常會閃現。當然，靈感並不是憑空出現的，常常是基於個人平時的累積和儲備，才在某一時刻被激發出來。這就是說，要想獲得靈感，我們平時應有意識地增加自己的知識儲備、勤於動腦、善於思考。

在生活中，靈感並不是難以獲得，它離你的距離也並不遙遠。你擁有著無限的創造力，沒有任何事情可以讓你望而卻步，也沒有任何事情能阻擋住你發散的思維與跳躍的念頭。當靈感從腦海中一閃而過的時候，你的生命就會出現神奇的改變。你可以在靈感的引領之下創造出全新的精神世界，這從某種程度上來說也終結了過去那個庸庸碌碌的你。

俄國作曲家柴可夫斯基曾經說過：「靈感是這樣一位客人，他不拜訪懶惰者。」的確，靈感常常會不期而遇、稍縱即逝。我們要學會捕捉日常生活中閃現出來的靈感，一旦你的腦海中有新想法、新理念迸發出來的時候，就馬上把它們記下來。經過天長日久的累積，這些靈感就會常駐你的腦海。在需要的時候，你就能信手拈來，在潛移默化中受益。當然，捕捉住靈感，不是要把它們固定在紙面上，而是要讓它們重新回到我們的腦海中，然後充分發揮想像力與創造力，把靈感變成一種腦海中潛在的巨大能量，讓它們創造更大的奇蹟。

保持一顆孩童般的好奇心

人在呱呱落地之時，腦海裡是一片空白的，周圍的一切對兒童來說都是新奇的。所以，孩童時代，我們對周圍的一切都充滿了疑問，總認為其中包含了很多我們不知道的奧秘。好奇心往往驅使我們凡事都要問個究竟，於是我們經常纏著大人問個不停。然而，在長大成人之後，我們的好奇心就逐漸減退了，對周圍的事物熟視無睹、習以為常，不再去追問事物的來龍去脈。殊不知，我們在減少好奇心的同時，也相應的失去了很多的機會。

沒有了好奇心，我們也就失去了探索與創造的能力。正如身邊的能量場一樣，如果其中出現了負向能量，你必然會覺得不舒服。好奇心會讓你去探索這些負向能量出現的根源，同時讓你想方設法地扭轉這種不舒服的感覺。在它的驅使之下，我們往往能尋找到獲得正向能量，改善能量場的方法。但是，一旦我們失去了好奇心，就會對所處的環境沒有任何感覺。即便是感覺不舒服，我們也沒有去改變的衝動。這也是許多人之所以一生碌碌無為的原因，因為他們丟掉了對一切的好奇之心。

好奇心只是一種驅動力，有疑問僅僅只是開始。好奇心會驅使你永無止境地去學習、去探索。你在經歷不斷的學習、研究、失敗又重新來過之後，就會對整個探索過程有新的認識：最重要的不是結果，而是在探索的過程中收穫了什麼。

牛頓是享譽世界的數學家、物理學家、天文學家。他在天文、物理領域的貢獻極大地推動了人類文明的進程，被公認為人類歷史上最偉大、最有影響力的科學家。牛頓身上具有很多作為科學家必備的精神和特質，好奇心就是其中一項。

他從小就對周圍的事物充滿了好奇，總是在努力探究事物的來龍去脈。當看到蘋果落在地上這個大家習以為常的現象時，牛頓充滿了困惑，他在思考的同時也在努力學習，探索蘋果落地的原因，最終發現了萬有引力。很難想像，牛頓發現高深莫測的萬有引力的起因就是蘋果落地這樣再平常不過的現象。

蘋果落地是再平常不過的自然現象，但在牛頓之前，沒有任何人對此產生疑問。好奇心驅使著牛頓不斷思考，從而讓他發現了萬有引力的奧秘。世界上很多著名的科學家、發明家都保持著這樣一顆好奇心。它激勵著這些人不斷地學習，不斷地探索其中的奧秘。而最終這些人也對推動人類的發展做出了巨大貢獻。

好奇心並非是科學家的專利，我們普通人同樣也可以擁有一顆好奇心。現今的時代不斷地推陳出新：新產品、新技術、新的管理模式不斷湧現，這就決定了我們不能只是一味墨守成規地模仿、跟隨，而要有新想法、新觀點。一切新產品、新觀念的出現都是從好奇心開始的，只有善於發現、善於創造，才能夠讓新的想法破土而出。

好奇心會帶給你精神上的滿足感，讓你在不斷學習、探索之後，發現原來周圍司空見慣的事物中包含著如此多的奧秘，從而使你的生活洋溢著發現的快樂與愉悅。同時，你的人生境界也會不斷昇華，很多意想不到的精彩呈現出來的時候，你會感到自己的人生是如此充實、富足。請隨時保持一顆孩童般的好奇心，因為它會促使你充分發揮自己的能量，從而擁有無比巨大的創造力。

能量摘要 >>>

※只有內心強大的人才敢於面對一切事物，而你堅強勇敢的內心正是這個世界上最有力量的「兵器」。因此，請讓你內在的勇氣發揮作用，驅散一切陰暗的迷霧，直面生命中的所有恐懼。

※只要你有一顆勇敢的心，並且敢於將自己的優勢展現給他人，那麼必然能獲得勇氣帶給你的全新力量，從而消除內心的各種消極情緒以及負向能量。

※當內心充滿勇氣時，你會被一個正向能量場包圍，而你傳遞給他人的能量，也將會是正向的、積極的。你可以把視線聚焦在自己的優勢上，不再懷疑自己的能力，不要因為向他人展示自己而尷尬，不要因為害怕別人看不起自己而疑慮重重。

※接受陰影的過程中，你不要抱持批判的態度，因為這種批判會令陰影擴張得更大。你需要溫柔地對待它，不斷地與它接觸。

※人本身的許多能量都被壓抑在陰影之中，一旦你完全接受了陰影，那麼這些能量自然會被釋放出來，用在積極與美好的地方。

※當你持續而積極地進行自我肯定時，你的神經系統就會接收到你的這一暗示，並做出積極的反應。它不斷地激發你內在的正向能量，讓你的生活朝著更美好的方向發展。

※你可以對自己說：「我一定能夠解決工作中的難題，因為我的內心充滿勇氣。我不會被困難

壓垮，今天我所做的一切都是為了解決困難！」這樣持續一段時間以後，你就會發現，自己的身體中出現了一股強大的力量，而且它們隨時聽從你的調遣，這就是自我肯定的力量。

※世間沒有任何事是「不可能」的，只要你內心深處還存在勇氣，只要你還能勇敢地挑戰那些「不可能」的事情，那麼一切都會變得「可能」。

※你是擁有強大力量的生命體，一旦掌握了戰勝不可能事情的勇氣，這個物質世界的限制對你而言就完全不是問題。只要你戰勝不可能，那麼宇宙就會賜予你無限的力量，汲取著宇宙源頭的這股力量，你就能實現每一個想要達成的願望。

※危難以及不美好的事物雖然會讓你產生不舒服的感覺，但是當你以冷靜勇敢的心觀察它時，事情就會有所轉變。在觀察危難的時候，你需要注意的是，不要強迫自己去面對，而要單純地去感受眼下的境況，在最平和穩定的環境下，用勇敢與理智的心去尋找化解危機的方法。

※萬事萬物看似靜止不動，實際上每時每刻都在發生變化，當下這種巨大的創造力讓世間的一切都展現出它最美好、最有活力的一面。

※你此時的一切成就都是在此刻被創造的，唯有認真地對待當下，認真地活在當下，你才能讓創造力源源不絕，將每一時刻的你創造成最優秀的樣子。

※激情可以點燃創造的欲望，會讓你時刻保持高昂的鬥志，將自身的能量無限地釋放到所創造的事情之中，而每一件帶有激情的事情都會變得與眾不同。

※你需要對此時的一切作出敏銳的感知，而感知會將你與任何事物連接在一起。你感知到糟

糕，才能在內心升起對美好境況的渴望。這種渴望會讓你的內在產生改變一切的念頭，從而將你期待的事物帶給你。

※你要全然地接受此時的境況，即便此時危機重重。接受環境並不等於受環境挾制，而是讓你以旁觀者的角度去看待此時的境況。只有你真正接受了此時的境況，才能以敏銳的觀察力與清晰的頭腦去尋找方法創造轉機。

※當你想像自己渴望擁有某種美好事物的時候，實際上就是將內在的能量集中到這個事物上，也就是讓能量場吸引一切相關的美好事物。你對那些美好的事物想像得越強烈，能量場吸引來的美好事物就會越多。

※你渴望什麼、想像什麼，也就會得到什麼，生命也就會被這些渴望與想像的事物占滿。倘若你想在求知的路上不斷創造新的價值，就請好好利用想像力這個工具。

※「盲點力」可以讓你有意或無意地發現它們。無論有形的還是無形的事物，你都可以讓它們成為看得見、用得到的美好事物，創造出它們各自非凡的價值。

※一切所思所感都會成為靈感產生的根源，你只需讓自己對它產生強烈的渴望，以及做好迎接它的一切準備。這樣，靈感就能為你創造無限的價值，帶給你不同於以往的生命體驗。

※沒有了好奇心，我們也就失去了探索與創造的能力。正如身邊的能量場一樣，如果其中出現了負向能量，你必然會覺得不舒服。好奇心會讓你去探索這些負向能量出現的根源，同時讓你想方設法地扭轉這種不舒服的感覺。

第七章　專注精神

一切藝術與偉業的奧妙就在於專注，那是一種精力的高度集中，
把易於彌散的意志貫注於一件事情的本領。

——【奧地利】史蒂芬·褚威格

專注力，展現人生最美的風景

陽光散落在身體上，我們會感受到它傳遞的溫暖；而當它穿過透鏡迎面而來時，我們卻會感受到它的熾熱犀利。同樣的，一個人的精力有限，如果分散開來，結果可能是「樣樣精通，樣樣稀鬆」；如果聚焦起來，就像集中在焦點之下的陽光，其能量也一定是驚人的。

文藝復興時期義大利著名畫家達文西的傑作《最後的晚餐》享譽世界，可是，《最後的晚餐》是怎麼畫出來的，大概很少有人知道。

達文西前半生際遇坎坷，懷才不遇。30歲時他投奔到米蘭的一位公爵門下，希望能給自己的人生創造一些機會。在公爵那裡的最初幾年，他一直默默無聞，自己的畫也沒有得到公爵的賞識。但是他自己一直沒有失去信心，始終執著地畫著。

有一天，公爵來找他，讓他去給聖瑪利亞修道院的一個飯廳畫裝飾畫。這是一件無足輕重的工作，一個普通的三流畫家就可以完成，而且人們都認為沒有必要在一個飯廳的牆壁上下工夫。但達文西不這樣認為，他從來就沒有敷衍了事地畫過一幅畫，即使是習作。

達文西傾盡自己所有的才華，日夜站在腳手架上作畫。一個月以後，飯廳的裝飾畫畫完了，很有鑑賞力的公爵立刻意識到這是一幅不可多得的傑作。他立刻找來米蘭的那些大畫家，請他們看看達文西的這幅作品。所有前來的畫家無不為畫作的構思和大膽的用色而驚奇。《最後的晚餐》被慧眼識中後，聖瑪利亞修道院霎時遠近聞名，一直默默無聞的達文西也自此揚名。

達文西專心地對待每一項並不十分重要的工作，正是他的這種專注精神讓他的內心時刻充滿了力量，最後，他的專注終於使他迎來了成功。由此可見，再微不足道的工作，只要用心去做，專心去做，也會有所回報。因為當你遮蔽了外界的一切干擾，專心做一件事的時候，你體內的所有能量都會匯聚到一點，同時，你的身邊會形成一個強大的能量場，其他對你有利的條件都會被這個能量場吸引而來，以幫助你實現夢想。

真正引導人們成功的，不是「樣樣通、樣樣鬆」的能力，而是人們對每一件事的專一，正是這種專注的精神構成了人生中最美麗的風景。有些人總是認為樣樣事情都要懂得才能顯示自己能力卓越，其實不然，對每件事都投入自己的全部心思去做，收穫的才是最完整的成功。每個人都是人生旅途中的過客，在漫長的道路上，你也應當偶爾對路旁的一朵鮮花傾注全部心思，或是對匆匆飛過的小鳥投去追隨的目光。因為當你專心對待每一件事物的時候，這種專注的精神往往能讓你的人生展現出最美麗的風景，讓你發現生命中的美好。

把精力集中在有價值的事情上

德國著名思想家約翰．沃爾夫岡．馮．歌德說過：「一個人不能騎兩匹馬，騎上這匹就要丟掉那匹。」的確，人的精力有限，希望什麼都抓住，最後注定什麼也抓不住。而專注地做一件事卻不同，它能讓所有的能量聚焦在一點，讓人們獲得更強大的力量。在面臨抉擇的時候，唯有把精力集中到對自己真正有價值的東西上，才能讓專注的力量發揮到最大。而你接下來走的每一步都會心無旁騖，在最短的時間到達勝利的彼岸。

麥當勞品牌的創始人克羅克以非凡的管理才能，把麥當勞兄弟經營的小餐館變成了世界速食中數一數二的品牌，自己也成為美國最有影響力的企業家之一。據說，當年從麥當勞兄弟手裡買下特許經營權的除了克羅克之外，還有一個荷蘭人。兩人走的是完全不同的經營之路。相比之下，克羅克看起來比較「愚蠢」：他只開麥當勞店，加工牛肉，養牛的錢都任由別人賺；而荷蘭人則顯得很「聰明」，他不僅開麥當勞店，而且所有賺錢機會都不讓別人染指。他投資開辦牛肉加工廠，使加工牛肉的錢也流入自己的荷包。後來他想，自己幹嘛買別人的牛，讓別人賺走養牛的錢呢？於是他又辦了一個養牛場。

很多年過去了，克羅克把麥當勞開遍了全世界，而那個荷蘭人呢？人們找啊找，終於在荷蘭的一個農場裡找到了他。他只是養了200頭牛，開了個牛肉加工廠而已。

克羅克是聰明的，他在面臨抉擇的時候選擇了真正有價值的東西。他沒有像那個荷蘭人一樣，只為了眼前利益，把能力分散在各個領域，而是把心思全部集中在賣速食上。這樣的他才能聚焦內在的全部能量，從而一步步地走向成功。

紛亂的世界讓人們的視線顧此失彼，常常被各種各樣新鮮的事物迷惑，心思難以沉靜下來，自然無法判斷事物的價值高低。每個人都只有一個大腦、一顆心，如果把注意力分散到各個領域，得到的自然也是零散的回報。

法國的博物學家拉馬克是兄弟姐妹11人中最小的一個，最受父母寵愛。他的父親希望他長大後當牧師，便送他到神學院讀書。可他卻愛上了氣象學，想當個氣象學家，整天仰首望著多變的天空；沒多久，他又在銀行找到了工作，想當個金融家；後來他又愛上了音樂，整天拉小提琴，想成為一位音樂家；後來，他的一個哥哥勸他當醫生，於是他又學醫4年。一天，拉馬克在植物園散步時，遇到了法國著名的思想家、文學家盧梭。受盧梭的影響，「朝三暮四」的拉馬克確定了自己的奮鬥目標，他用26年的時間系統地研究了植物學，寫出了名著《法國植物志》。後來，他又用35年的時間研究了動物學，成為一位著名的博物學家。

拉馬克的一生正是一場探尋人生價值的過程。從最初的盲目、「朝三暮四」，到後來「確定了自己的奮鬥目標」，並潛心研究，他最終獲得了成功。大多數人都會經歷拉馬克最開始的過程，因為他們不知道什麼才是生命中最有價值的東西。他們總是到處亂撞，尋找到一樣事物，他們認為很好、很有價值；再尋找到一樣，他們會認為新找到的更好、更有價值，因此放棄了前面找到的。生命總是在這樣不斷尋找、不斷丟棄的過程中前進，結果終其一生，他們手中握有的只是最後找到的，卻不一定是最好的。

遍地撒種不一定遍地開花，要想做好一件事，最省力的辦法就是選擇對自己有價值的東西，接下來集中精力把這件事做好。專注的力量是驚人的，集中精力專注於自己選擇的事情，這樣才能輕鬆而有效率地達到自己的目標。人生中有許多事情要做，也有許多事情等待你去做，但無論做什麼、怎樣做，都有待於你自己做出選擇，將有限的精力集中投入到有限的事情之中，這樣才是明智之舉。

賦予自己專心致志的力量

專心致志能集中所有的力量於一點，讓你在追逐夢想的道路上不論遇到何種阻礙都能心無旁騖地勇敢前行。任何人在向目標挺進的過程中，難免會遇到各種阻力和重重困難，在這種情況下，最難能可貴的是賦予自己專心致志的力量。這股力量是鬥志，是精神，世界上沒有任何東西能夠代替它。天才不能，有句話是這樣說的「天才不可靠，勤勉專注更可靠」；才幹也不能，有才幹的失敗者多如過江之鯽。

當專注於某個念頭、某件事情的時候，你的身邊就會產生一個小小的能量場。你越是專注於它，越會讓這個能量場散發出強大的吸引力。你對某件事情執著與專注，會吸引來讓這件事情實現的因素。因為宇宙回應了你專注的念頭，感受到了你強烈的振動頻率，賜予你更多實現心願的力量。

你與宇宙性靈的對話就是憑藉專注。它會打通一條讓你與宇宙相連接的管道，讓宇宙的能量無限地傳遞給你，也讓你依靠專心致志收穫更多可以使用的資訊。每個人都擁有專心致志的力量，無論是誰，只要讓自己投入到專注之中，不斷地練習，學會有助於高度專注的各種技巧，就會獲得宇宙賜予的無限潛力。

你不妨回想一下自己曾經對哪些事投入過全部的力量與心思。在回想之後，你一定會發現，那些曾經專心致志面對的事情都是自己深深喜愛的。由此，你完全可以把任何值得去專注的事情都想像成自己喜愛的。你可以在某些安靜的時刻，全神貫注地思考某個意念。把這個意念想像成自己最愛的事情，你對它付出了愛，自然會得到它回饋給你的愛；你對它專心致志，它自然會讓你有更大的收穫。將心思專注於你想獲得的結果上，你才可能實現心願與理想。

練習專注力的方法很多，其中最簡單的就是，寫一張鼓勵自己的小紙條，並把它帶在身上。例如，你可以寫「我擁有專心致志的力量」、「我可以吸引來一切想要的東西」、「宇宙會賜予我獲得成功的無限力量」等。這張紙條雖然小，卻包含著無窮無盡的力量。因為在你大聲朗讀它的時候，宇宙就會回應你的願望，從而讓你真正心想事成。

美國著名成功學大師安東尼．羅賓斯說：「人生乃長期在考驗我們的毅力，唯有那些能夠堅持不懈的人才能得到最大的獎賞。」生命在賜予我們機會的同時，也給了我們考驗：考驗我們是否會運用自己專心致志的力量來接受每一次機會。愚公移山、精衛填海、女媧補天這些故事都體現了他們強大的專注力。他們將自身的能力集中於一點，持之以恆地實現了自己的願望與夢想。

時間並不是計算生命長短的唯一標準，體驗是更為重要的生命衡量法則。一個人以全部心思來對待生活，以專注的精神完成自己的夢想，他的生命之路才會更寬廣。

用心智全心全意地投入

現實世界的東西需要我們聚精會神地加以關注才會顯現出來，否則即使把真理放到我們的眼前，我們也未必能夠將它識別出來，因為我們的思想總是分散的。

弈秋是我國古代最善於下棋的人，有兩個人慕名來請弈秋教他們下棋。其中一個人專心致志地聽弈秋講解，一心一意學棋、練棋；而另外一個人上課時似乎也在聽講，可是他看天上有大雁飛過，便想著如何拿弓箭去射牠，想著烤肉的味道會是何等鮮美。他總是心不在焉、心猿意馬，從來沒有認真地聽老師講解。

這樣學了很長時間，雖然他們兩人每天學的內容一樣，可最後他們的棋藝卻大相逕庭，一個成了棋壇妙手，另一個什麼也沒學到。

這個故事揭示一個道理：我們無論做什麼事情，都必須全心全意、專心致志，三心二意、心不在焉的結果就是什麼也學不到。《荀子・勸學》裡面也有一段話：「蚓無爪牙之利，筋骨之強，上食埃土，下飲黃泉，用心一也。」意思是說，蚯蚓並沒有很尖銳的牙齒和強健的筋骨，牠只會一心一意地吃土和飲水，所以才能保住性命。

專注於一件事情，注意每一個事物，能夠讓我們將內在能量全部集中在一點。這種注意是全心全意的投入，心智純然的專注，當心智真正集中於一點時，那是一種極高的覺知和靜心的境界。

也許有人認為，只要有興趣，我們就會專心致志。很多人確實能夠對自己感興趣的東西集中百分之百的注意力，但對興趣的關注並不是我們所說的最高意義上的注意。假如我們對從眼前經過的美女很感興趣，其實我們是被她如花的容貌、美麗的穿著、得體的打扮或優雅的氣質、婀娜的體態所吸引，這種吸引暫時占據著我們的頭腦，等到那個美女走遠，我們對她的興趣也會隨著她的消失被拋到九霄雲外。

這就像一個玩具吸引了孩子的興趣，孩子由於得到玩具而安靜下來，不再調皮淘氣。但是一旦有人拿走玩具，他就又變得無法安靜，甚至會歇斯底里地哭鬧。因此，玩具其實轉移了孩子的注意力，使他暫時地安靜下來。對孩子來說，玩具是最重要的，而不是頭腦的注意力。

對成年人來說也是如此，我們想要的「玩具」是財富、名利以及欲望等。它們對我們有著深深的吸引力，因此它們掌握著我們的頭腦與心智。然而，我們有的是對它們的興趣，而不是注意力。雖然我們努力專注於那些東西，迫不及待地想瞭解和得到它們，但是在這個過程中我們什麼也看不到、學不到，因而這樣的專注也絲毫沒有意義。

而當意識到這些「玩具」和困惑在分散我們的注意力之後，頭腦就固定在一個特殊的點上，以排除其他的思想。於是頭腦創造了一個培養注意力的動機，我們採取強制的行動，迫使自己去尋找分散的原因，迫使自己的心智專注於被觀察的對象。當我們以這樣的方式接近任何事物的時候依舊難以做到專注，因為那只是頭腦的思想動機在發揮作用，而不是我們的心智在覺知。

極受尊重的印度心靈導師克里希那穆提說過：「沒有玩具、沒有動機、沒有觀察的對象、沒有強迫、沒有語言化，才是真正的注意。」因而，當我們運用心智的力量來觀察事物的時候，要比純粹因為興趣與欲望的關注細緻與長遠。心智會使你集中一切純粹的能量，而不帶有任何偏見，在這樣全心全意地投入心智以後，自己得到的一切才是淨化過的，我們才會真正瞭解專注的意義。

專注可以將「平凡」變為「非凡」

不積跬步，無以至千里；不積小流，無以成江海。那些看起來平凡的、瑣碎的工作，只要能以專注的精神去做，就會變得非凡。這股專注精神是一種持續的力量，是真正的能力，是事業成功的墊腳石，也是實現人生價值的最佳途徑。

每個人生來都是凡人，是凡人就會做一些平凡的事情，從事著平凡的工作，但人們又常常喜歡不切實際地追求華麗的人生。專注力恰好可以滿足人們的這一願望。專注包含了創造力與生命力，如果你是平凡的，那麼在專注地做某些事情之後，專注力就會創造出不平凡的你，讓你的生命不斷增值。當你激發出生命中所有的能量去做某件事，在旁人眼裡就是最富有生命力的存在。那些成功的人，無一不是靠專注力來取得成就的。他們從平凡中專心致志地提升自己的價值，最終也將平凡的生命轉變成非凡。

一位大學剛畢業的小夥子在一家非常普通的公司工作。新員工都是從基層開始做起，很多人都在抱怨：「這麼沒有技術含量的工作為什麼要我們來做？」而這位年輕人卻每天都認認真真地完成自己的分內工作，以及每一件上司交代給他的任務。此外，他還主動幫助其他同事做一些最累、最辛苦的工作。他沒有厭倦工作，反而把事情做得有條不紊。他把自己的工作詳細地記錄下來，遇到自己不懂的地方，就虛心地請教老員工。他剛剛工作滿一年的時候，就被提拔為車間主任；過了幾年，他已經是部門的經理了。而和他一起進入公司的其他人，很多都還在最底層工作，每天碌碌無為。

小夥子的成功看似輕而易舉，其實卻有一股專注的力量在指引著他前行。起初的他也很平凡，但他擁有著無窮無盡的專注力。「每天都認認真真地完成自己的分內工作，還幫助其他同事做一些最累最辛苦的工作。」正是對工作的這種專注力，讓小夥子幾年後脫胎換骨，獲得了巨大的成就。

其實，並沒有哪個成功者在智力上比其他人強多少，但他們都有一個共同之處，那就是具有專注的精神。許多成功者最初看起來都是平凡的，甚至是毫不起眼的，但他們總會在那些平凡的崗位上認真專心地工作，讓自己從平凡中脫穎而出。

每一滴水珠都是平凡的，但正是有了每一滴水珠，才有了浩瀚的大海；每一粒沙子都是平凡的，但正是有了每一粒沙子，才有了壯闊的沙漠。羅馬不是一天建成的，理想也不是一天就能實現的，再偉大的理想也要一步一腳印地去實現。當你學會如何在平凡中傾注專心時，你的人生名片上也必然會出現「非凡」二字。

把能量集中在當下的美好

一天由24個小時組成，一小時由60分鐘組成，一分鐘由60秒組成，如果我們想要一天，甚至是一年都過得快樂幸福，就需要把握每一分、每一秒。當你把所有的能量集中在生活中的每一分、每一秒時，你一生的每時每刻都會感覺到美好。

試想一下，在每天早晨鬧鐘響起後，一般人會拍一拍臉說：「喔，不！不要告訴我現在是起床的時間了，我覺得我還需要再睡一會。」但是有些人會在早上鬧鐘響時，立刻坐起來，雙手拍掌，並且說：「這是美好的一天，我要盡量多利用這個世界提供的各種機會。」而只有這樣，你才能把美好的感覺集中在這一時刻。

完全清醒之後，你可能要去沐浴，那麼不妨在浴室中高歌一曲。你不必藉口說「我不會唱歌」或是「我唱得不好」，這都不重要，重要的是唱歌這件事。美國著名心理學家威廉．詹姆士曾說：「我們不唱歌是因為我們不快樂，我們快樂是因為我們唱歌。」因此，請你在唱歌的當下盡情地散發出內在愉悅的能量，獲得那一時刻的美好感覺。

你的內在此時已經累積了許多美好的感覺，那麼接下來用早餐時，可以拍幾下桌子說：

「親愛的，你煮的牛奶和雞蛋真是太可口了！」即使你在過去每天都吃同樣的早餐，也需要這樣表達你美好的感覺。這樣在吃早餐這一時刻，你的感覺才是美好的。

不要懷疑整個早晨這一系列的美好感覺，它們在這一天裡都會對你大有說明。當你的周圍圍繞著一個喜悅的能量場時，你接下來要做的事以及被你吸引來的事往往都會是美好的、喜悅的。一天只是一生的一小部分，但是你在每一個當下都感覺美好，你才可能有一個同樣美好的人生。而更有意義的是，你周圍的能量場會影響到身邊的所有人，當你把積極而喜悅的能量傳遞給他人時，他們同樣會獲得積極喜悅的能量。他們回饋給你的能量，自然也會更加美好。

人類應該學會熱愛自己現在擁有的一切，更應該珍惜此時擁有的時光。擁有本身就是一種美好，只要你願意享受美好的時光，那麼所有美好的事物就會跟著你、黏著你。你需要把精力與感覺全部凝聚於當下，在專注精神的力量下，讓自己在當下的每一時刻感覺美好。當你懷著熱忱去享受時間時，你會發現生命中的每一天都是嶄新的。我們應該有這樣的精神，也必須有這樣的精神，專注精神可以集中所有的正向能量，讓我們在人生中的每一個時刻都感覺美好。

做一個全力以赴的人

研究發現，人類有四百多種優勢。成功心理學創始人之一的唐納德．克利夫頓說：「在成功心理學看來，判斷一個人是不是成功的，最主要的是看他是否最大限度地發揮了自己的優勢。」而最大限度地發揮優勢的方法之一就是——專注地發揮自己的優勢，做一個全力以赴的人。

要專注地發揮自己的優勢，你必須相信自己的內在存在著一股力量。當以專注之心啟動自己的優勢力量時，你身邊的能量場就會產生一種特定的振動頻率。你可以感覺到它，也可以運用它為自己吸引更多發揮優勢的因素與條件，從而讓專注的力量變得更強大。

著名雕刻大師奧古斯特．羅丹集中一切力量專注於藝術的精神，值得每一個人學習。有一次，羅丹和他的一位奧地利朋友一起來到他的工作室。在那間有著大窗戶的簡樸屋子裡，有完成的雕像，有已動工而擱下的雕像，有堆著草圖的桌子，還有許許多多小塑樣：一隻臂膀、一隻手，有的只是一根手指或者一段指節。這間屋子是羅丹一生不斷追求與勞作的地方。羅丹進屋後便罩上了粗布工作衫，就好像一個工人。很快，他在一個台架前停下。

「這是我的近作。」他說著，把濕布揭開，現出一座女正身像。

「這已完工了吧？」朋友說。

羅丹退後一步，仔細看著。但是在審視片刻之後，他低語了一句：「這肩上的線條還是太粗。對不起……」他拿起刮刀、木刀片輕輕滑過軟黏土。他健壯的手不停地修改著，他的眼睛閃耀著光芒。「還有那裡……還有那裡……」他又修改了一下。他把台架轉過來，含糊地吐著奇異的喉音。他時而高興得眼睛發亮，時而苦惱地蹙著雙眉，他已經完全融入自己的雕塑世界中。這樣過了半小時，一小時……他沒有再向他的奧地利朋友說過一句話。他忘掉了一切，除了他要創作的塑像。

最後，帶著喟嘆，他扔下刮刀，像一個男子把披肩披到情人肩上那樣溫柔地把濕布蒙在女正身像上。他轉身要走，但在快走到門口時，他看見了朋友。他凝視了一會兒，就在那時他才記起，他顯然為他的失禮感到驚惶：「對不起，先生，我完全把你忘記了，可是你知道……」

羅丹正是將精力完全投入到自己喜歡的藝術事業中，才得以在人類美術史上留下了濃重的一筆，成為繼米開朗基羅之後雕塑史上的又一座高峰。誠然，羅丹的優勢在於雕刻藝術，他將專注力全部傾注於優勢上，彷彿如虎添翼一樣，讓他的雕塑更加完美逼真。他的故事告訴我們：要想成功，就需要把精力全部聚焦到某一個優勢上，接下來全力以赴，使這個優勢發揮出最大作用，這樣我們離成功也就不遠了。

人生的富足與充實都掌握在自己的手中。如果你把專注力放在財富上，宇宙就會最快地對你的渴望給予回應；如果你把專注力放在健康上，宇宙同樣會賦予你健康而有活力的體魄。所有的事情都不是偶然，每一件事都是在你專注力的作用之下產生的。你全力以赴地生活，那麼宇宙也就會回饋給你改變生活的力量。

習慣本身就是一種力量

古羅馬詩人奧維德曾經說過：「沒有什麼比習慣的力量更強大。」任何人都有各自的習慣，甚至可以說，人就是一種習慣性的動物。習慣總是不知不覺地滲透進我們的生活，無論我們接受與否，它們都會不請自來。

無論好習慣還是壞習慣都是一種力量，因為它們存在於生活中的各個方面，影響著人們的每一個行動與思想。小到我們幾點起床、幾點睡覺，會不會經常熬夜通宵；大到我們對工作的態度，是全力以赴還是拖延，是勤奮還是懶散。我們的一言一行都隱藏著習慣的身影，包括刷牙的姿勢、走路的快慢以及說話的語速。有研究表明，人們日常活動的90％都源於習慣與慣性。可見，習慣有著多麼大的力量，完全可以在不知不覺中改變我們生活的方向。

1873年，美國發明家克里斯多夫發明了世界上第一台打字機，鍵盤完全是按照英文字母的順序排列的。慢慢的，他發現打字的速度一旦加快，鍵盤就很容易被卡住。他的弟弟給他出了一個主意，建議他把常用的鍵符分開排列，這樣每次擊鍵的時候，就不會因為連續擊打同一區域而卡死。經過這樣不規則的排列後，卡鍵的次數果然大大減少了，但同時打字速度也減慢了。在推銷打字機的時候，在利益的驅動下，克里斯多夫對客戶說，這樣的排列，可以大大提高打字速度，結果所有人都相信了他的說法。現在，人們已經習慣了這樣的鍵盤配置，並始終認為這的確能提高打字速度。

一百多年來，人們早已習慣了以這種順序排列的鍵盤，當我們快速地敲打著鍵盤時，卻沒有想過原來還有這麼一段故事。國外一些數學家經過研究得出結論，目前的排列是最笨拙的一種，憑藉目前的技術，已經解決了卡鍵問題，但現在出現第二種順序排列的鍵盤似乎不太可能，因為人們都習慣了現在這種排列的鍵盤。可見，在強大的習慣面前，科學有時也會變得無用。

習慣從一個小小的種子開始，在我們的生活中破土而出、茁壯成長，最終成長為一棵參天大樹。無論這棵樹是筆直挺拔，還是腐朽枯萎，都在我們的人生中占有很重的分量。例如時間觀念，假如我們習慣於守時，那麼這個習慣一定能讓我們經常遵守約定的時間，或是在規定的時間內完成任務；如果我們習慣於拖延，那麼這個習慣就會使我們常常遲到，或是工作拖拉懶散。可見，我們養成的習慣無論好壞都具有很大的能量，因而也會影響到我們生活的各方面。

每一天，我們都會遇到相同的或者不同的挑戰，挑戰來臨的時候，我們便用慣有的行為去應付。習以為常的時候，我們的腦袋便形成了習慣，有些習慣變成了腦袋的機動反應。在習慣形成了之後，它便在我們的行為中固定下來。因此，我們需要認識到習慣帶給自身的巨大力量，並從一個微小的念頭開始，讓自己建立起正確而積極的習慣。唯有掌握了這一點，才能讓習慣在生活與工作中為我們帶來最大的幫助。

踏上自我轉化的旅程

大多數人都懂得轉化的道理，卻並不懂如何實現自我轉化。我們有時候會習慣於被動地接受事物，頑固地相信幸福會突然降臨，其實，這樣的習慣只會讓生活毫無變化，幸福與美好的事物也不會眷顧我們。唯有改變被動的生活習慣，踏上自我轉化的道路，才能讓內在的能量得到最大程度的釋放，從而讓生命的品質得以提升。

*1979*年，鍾彬嫻以優異的成績從普林斯頓大學畢業，當時她決定在零售業鍛鍊一段時間，然後再進入法學院學習法律。她認為，零售業的經驗將對她的法律學習有很大的幫助。零售業的經歷可以培養悟性，鍛鍊自己的臉皮與耐性。於是她加入了魯明岱百貨公司，成為一名管理培訓人員。

鍾彬嫻在與客戶打交道的過程中，體會到了工作的艱辛，但她沒有放棄，而是決心在工作中開拓自己的人脈。

幸運的是在魯明岱百貨公司，鍾彬嫻遇到了公司首位女副總裁萬斯。萬斯自信機智，講話清晰有力，進取心強。鍾彬嫻意識到，要想在相互搏殺的商業社會裡脫穎而出，就必須擺脫亞洲人慣於服從的特性的束縛。於是，為了向萬斯學習豐富的工作經驗和技巧，鍾彬嫻像對待老朋友一樣對待萬斯，用心交流，真誠互動，並很快取得了萬斯的信任，讓她心甘情願充當自己的職業領路人。

「有些人只等著機會來臨，」鍾彬嫻說，「我不這樣，我建議人們要抓住能帶你飛翔的人的翅膀。」在萬斯的幫助下，鍾彬嫻在魯明岱百貨公司升遷很快，到了80年代中期，她已成為銷售企劃經理、內衣部副總裁。

後來，鍾彬嫻開始兼任有著110多年直銷歷史的雅芳公司的顧問。在雅芳，鍾彬嫻卓越的才華和強大的人脈拓展能力吸引了雅芳CEO普雷斯的注意。七個月後，鍾彬嫻正式加盟雅芳公司。

在不斷前進探索的過程中，鍾彬嫻一步步走向成功。在人生的路口，她沒有被動地等待，而是主動地改變，藉由一次又一次主動尋求機遇，最終獲得了巨大的成功。她的故事告訴我們：沒有哪個機遇會輕易地降臨在某個人的身上，它會散落在不容易被發現的角落，唯有你主動去尋找，並且培養自己主動尋找的能力，才會在生活的瑣碎中尋到它們的身影。

我們不應該養成被動等待、被動接受的習慣，因為被動無法獲得來自宇宙的力量。試想一下，我們如果消極地等待著幸運降臨，那麼自身的能量場就會產生消極的能量，它能吸引來的只能是同樣消極的事情，讓一切積極美好的東西都難以靠近我們。宇宙聽不到我們強烈渴望美好生活的願望，自然不會賜予我們改變生活的力量。其實，我們隨時都可以改變自己的習慣，因為對於我們來說，每一秒都是新的開始。當我們主動出擊，向宇宙喊出心願時，宇宙一定會聽到我們的呼喚，賦予我們改變人生的力量。

從習慣回憶的羈絆中解放出來

有人說，生活是無法重演的戲，縱使千百次地回憶也無法將過去一筆勾去，所以我們不能總是沉浸在對過去的回憶裡，遲遲不前。過於沉溺於過去，就會成為今天的羈絆，讓明天依舊遺憾今日。聰明的人，不問過去，他們會做好今天，讓每一個今天都充滿意義。

人們習慣把心思停留在過去，因為過去的某段時間中存在著令自己欣慰的事情，例如某段輝煌的過往、某段甜美的愛情。但是，這種習慣往往讓人無法逃開回憶的魔咒，總是被過去糾纏。人是無法停留在過去的，即便你的心思留在那裡，但你的人在此刻。

奧里森．科爾由於在工作中出現了幾個錯誤，導致一項很重要的項目失敗了。他因此而感到沮喪而消沉，於是他去看心理醫生。醫生得知了他的煩惱後，從一個硬紙盒裡拿出一卷錄音帶，塞進答錄機裡，對他說：「在這卷錄音帶上，一共有三個人說話。我要你注意聽他們的話，看看你能不能找出支配了這三個人的共同因素，只有四個字。」

在科爾聽來，錄音帶上這三個聲音共有的特點就是不快樂。在這三個聲音中，科爾聽到他們一共六次用到四個字——如果，只要。他把這個答案告訴了醫生，醫生說：「你知道我坐在這椅子上，聽到成千上萬用這幾個字開頭的內疚的話。他們不停地說，直到我要他們停下來。有的時候我會要他們聽剛才你聽的錄音帶，我對他們說：『如果，只要你不再說如果、只要，我們或許就能把問題解決掉！』因為這幾個字不能改變既成的事實，卻使我們朝著錯誤的方向而不是正確的方向前進，並且只是浪費時間。最後，如果你用這幾個字成了習慣，那這幾個字很可能變成阻礙你成功的真正障礙，成為你不再努力的藉口。」

無論是科爾，還是錄音中的三位自述者，都是被「過去」絆住了自己前進的步伐，於是，遺憾、懊惱、抱怨、悔恨等，諸多負向能量使他們感到虛弱無力。這種負向能量也作用於人們的現實生活：你抗拒什麼，就會得到更多抗拒的東西。正如吸引力法則一樣，這些負向能量會為你吸引來更多負向的事情，像一條條繩索捆住了留在回憶中的人們。我們可以養成汲取經驗的習慣，但不能讓自己習慣於沉浸在過去。沒有一個人是沒有過失的，有了過失如果能夠決心去修正，那麼即使不能完全改正，只要持續不斷地努力下去，也一定會有很大改善。

回憶中，有喜悅也有悲痛。對待喜悅的回憶，我們可以讓它們成為目前生活的美好的動力，讓未來的生活也如回憶一般美好；對待那些悲痛的回憶，不要直接否定它、抗拒它，我們可以細心地觀察那段痛苦的經歷、關照內在的傷痛，並允許這些悲痛的回憶存在。當全然地接受了這些回憶時，我們就會發現，它們會在我們的接納與善待之中慢慢消失。一旦我們習慣了這樣對待回憶，它們自然會感受到我們的關愛。也許有一天，那些痛苦的經歷也會慢慢沉澱，最終轉化為喜悅。

從抱怨的糾纏中撤離出來

生命中並不總是充滿了美好的事物，但這不代表你就應該對那些不美好的事物抱怨。每個人的生存目的都是為了將不美好的事情轉化為美好，而得到這種結果的前提就是不抱怨。如果前一分鐘你還在對著花朵微笑，感謝生命中的美好事物，後一分鐘就為了路人不小心撞到你而大動肝火，那麼，你是無法讓生命充滿美好的事情的。因為如果習慣了抱怨，我們就會很少將視線轉移到內在，自然也無法審視自己的內心。

這種習慣產生的過程很簡單，在第一次遇到困境的時候，你可能會受到周圍人的影響，沒有想辦法解決，而是抱怨。也許那個時候你很小，甚至不知道抱怨與習慣為何物，只是模仿其他人對當時的境況怨聲載道。那時候的抱怨可能很有效果，大人們看到你的委屈，可能會幫你解決掉困難，或是送你一個小禮物。隨著你不斷成長，抱怨的習慣已經駐紮在你心中，只要你遇到了困境或是遭遇到了不平等的對待，這個習慣就會自動跳出來，而越是長久的習慣就越難以捨棄。

科爾斯在一家公司上班，但他很不滿意這份工作，忿忿地對朋友說：「我的老闆一點也不把我放在眼裡，我在他那裡工作一點機會都沒有。明天我就要對他拍桌子，然後辭職不幹了。」

「你對公司的業務完全瞭解嗎？」他的朋友反問。「沒有。」

「君子報仇十年不晚，我建議你把公司的業務完全搞清楚，然後再辭職也不遲。」朋友說，「你把你們的公司當作免費學習的地方，等所有東西都學會了之後再一走了之，這樣不是既有收穫又出了口氣嗎？」

科爾斯聽從了朋友的建議，從此便默記偷學，下班之後也留在辦公室研究商業文書。一年後，朋友問他：「你現在已經學會了許多東西，可以準備拍桌子不幹了吧？」科爾斯慚愧地說：「近半年來，老闆對我刮目相看，最近更是不斷委以重任，又升官、又加薪，我現在是公司的紅人了。看來以前還是我自己的能力有問題，只是我沒有注意到，如果早些發現就好了。」

像科爾斯這樣的人很多，他們在平時養成了遇事就抱怨的習慣，當生活中出現不如意的事情時，頭腦中跳出來的第一個詞就是「抱怨」。長此以往，這些人的周圍出現了一個充斥著負向能量的巨大磁場，不僅吸引來一切糟糕的事情，連那些本該屬於他們的幸運事也被排斥出去，生活自然越來越糟糕。

抱怨是負向能量的一種形式，會為我們帶來無數的紛爭，包括內在的與外在的。當我們抱怨的時候，內在就會產生不快樂的情緒，這種情緒會讓我們覺得不和諧、不舒服。抱怨還會讓我們向外釋放出負向的能量，讓我們身邊的人也被這種負向能量所糾纏，人際關係也自然會變得緊張。抱怨的振動頻率會被宇宙所接受，那些同樣頻率的負向事情也會接踵而至，給我們帶來更多不美好的事物。反之，如果將心靈從抱怨中撤離，我們內在與周圍的負向能量就會銳減。能量場中的振動頻率會傾向於正向，那麼它為我們吸引來的事物就將是積極的。

每個人都有結束抱怨的力量，你完全可以將心靈從抱怨中撤離，關鍵在於你想不想。抱怨只會讓你離想要的美好事物越來越遠，而無法獲得真正想要的一切。停止這種無益的習慣，遠離抱怨，那麼你一定可以獲得所有想要的東西。

能量摘要 >>>

※ 當你遮蔽了外界的一切干擾，專心做一件事的時候，你體內的所有能量都會匯聚到一點上，同時，你的身邊會形成一個強大的能量場，其他對你有利的條件都會被這個能量場吸引而來，以幫助你實現夢想。

※ 在面臨抉擇的時候，唯有把精力集中到對自己真正有價值的東西上，才能讓專注的力量發揮到最大。而你接下來走的每一步都會心無旁騖，在最短的時間內到達勝利的彼岸。

※ 專注的力量是驚人的，集中精力專注於自己選好的事情，這樣才能輕鬆而有效率。

※ 專注於某個念頭、某件事情的時候，你的身邊就會產生一個小小的能量場。你越是專注於它，越會讓這個能量場散發出強大的吸引力。你對某件事情執著與專注，就會吸引來讓這件事情實現的因素。

※ 每個人都擁有專心致志的力量，無論是誰，只要讓自己投入到專注之中，不斷地練習，學會有助於高度專注的各種技巧，都會獲得宇宙賜予的無限潛力。

※ 專注於一件事情，注意每一個事物，能夠讓我們將內在能量全部集中在一點上。這種注意是全心全意的投入，心智純然的專注，當心智真正在注意時，那是一種極高的覺知和靜心的境界。

※ 當你激發生命中所有的能量去做某件事，在旁人眼裡就是最富有生命力的存在。

※你需要把精力與感覺全部凝聚於當下，在專注精神的力量下讓自己在當下的每一時刻感覺到美好。當你懷著熱忱去享受時間時，你會發現生命中的每一天都是嶄新的。

※如果你把專注力放在財富上，宇宙就會最快地對你的渴望給予回應；如果你把專注力放在健康上，宇宙同樣會賦予你健康而有活力的體魄。所有的事情都不是偶然，每一件事都是在專注力的作用之下產生的。你全力以赴地生活，宇宙就會回饋給你改變生活的力量。

※我們需要認識到習慣帶給自身的巨大力量，並從一個微小的念頭開始，讓自己建立起正確而積極的習慣。唯有掌握了這一點，才能讓習慣在生活與工作中為我們帶來最大的幫助。

※我們隨時都可以改變自己的習慣，因為對於我們來說，每一秒都是新的開始。當我們主動出擊，向宇宙喊出心願時，那麼宇宙一定會聽到我們的呼喚，賦予我們改變人生的力量。

※我們可以養成汲取經驗的習慣，但不能讓自己習慣於沉浸在過去。沒有一個人是沒有過失的，有了過失如果能夠決心去修正，那麼即使不能完全改正，只要持續不斷地努力下去，也一定會有很大改善。

※對待那些悲痛的回憶，不要直接否定它、抗拒它，我們可以細心地觀察那段痛苦的經歷、關照內在的傷痛，並允許這些悲痛的回憶存在。當全然地接受了這些回憶時，我們就會發現，它們會在我們的接納與善待之中慢慢消失。

※如果將心靈從抱怨中撤離，我們內在與周圍的負向能量就會銳減。能量場中的振動頻率會傾向於正向，那麼它為我們吸引來的事物就將是積極的。

第八章　回歸生命的本質

簡單的事情考慮得很複雜，可以發現新領域；
把複雜的現象看得很簡單，可以發現新規律。

——【英國】牛頓

生命的價值在於質而非量

你可以擁有很多東西：健康的身體、完美的愛情、無盡的財富，但這不能表示你擁有的東西都是最有價值的。生命中出現的任何事物都有其存在的價值，而且這些價值也各不相同。正如一百顆金剛石與一顆鑽石相比，兩者看似相同，但你一定會選擇後者。生命的價值也是如此，你擁有多少外物並不重要，重要的是自身價值的高低，那才是生命價值的體現。

但是陷入塵世中的人們往往忽略了這個道理，他們認為附庸的東西越多，越能讓某樣事物看起來價值連城。其實不然，往往簡單又有品質的事物才更能體現出它們自身的價值。

一個皇帝想要整修京城裡的一座寺廟，他派人去找技藝高超的設計師，希望能夠將寺廟整修得美麗而又莊嚴。

後來有兩組人員被找來了，其中一組是京城裡很有名的工匠與畫師，另外一組是幾個和尚。由於皇帝不知道到底哪一組人員的手藝比較好，於是就決定給他們機會做一個比較。皇帝要求這兩組人員各自去整修一座小寺廟，且這兩座小寺廟面對面。工匠們向皇帝要了一百多種顏色的顏料，又要了很多工具，而讓皇帝奇怪的是，和尚們居然只要了一些抹布與水桶等簡單的清潔用具。

三天之後，皇帝來驗收。他首先看了工匠們所整修的寺廟，工匠們敲鑼打鼓地慶祝工程的完成，他們用了非常多的顏料，以非常精巧的手藝把寺廟裝飾得五顏六色，非常華麗。皇帝滿意地點點頭，接著又來看和尚們負責整修的寺廟。

他看了一眼就愣住了，和尚們所整修的寺廟沒有塗任何顏料，他們只是把所有的牆壁、桌椅、窗戶都擦拭得非常乾淨，寺廟中所有的物品都顯出了它們本來的顏色，而它們光亮的表面就像鏡子一般，反射出外面的世界。那天邊多變的雲彩、隨風搖曳的樹影，甚至是對面五顏六色的寺廟，都變成了這座寺廟美麗色彩的一部分，而這座寺廟只是平靜地接受著這一切。皇帝被這座莊嚴的寺廟深深地打動了，勝負顯而易見。

故事中和尚們的做法說明了「質」與「量」的差別：寺廟的「質」，就是簡簡單單，沒有雜物的附庸；而工匠們貪圖的「量」除了能迷惑人的目光，卻絲毫體現不出房屋的價值。這裡提到的「質」是寺廟的價值，我們每個人生命的價值也是如此，它不是體現在擁有多少外物上，而是體現在生命的品質上。如果一個人的品質好，即使他一無所有，也絲毫不能影響他自身的價值。

從古至今，那些流芳百世的名人擁有的「量」並不一定很多，他們的生命雖然簡單卻又熠熠生輝，那是因為他們具有優秀的生命品質。我們無法控制擁有東西的多少，但我們可以掌握每一件東西的品質高低，包括生命。此時此刻，有多少人為了讓自己更有價值而不斷地追求更多的東西，為了貪圖「量」而忽略「質」的意義，這是不明智的做法，唯有提高了自身的價值，哪怕我們一無所有，簡簡單單，我們的生命也會耀眼而奪目。

尋求內在的簡單

一位得知自己不久於人世的老先生，在日記簿上寫下了這樣一段文字：

「如果我可以從頭活一次，我要嘗試犯更多的錯誤，我不會再事事追求完美。我情願多休息，隨遇而安，處世糊塗一點，不對將要發生的事處心積慮地計算。如果可以，我會多去旅行，跋山涉水，多危險的地方也不妨去一去。過去的日子，我實在活得太小心，每一分每一秒都不容有失，太過清醒明白，太過清醒合理。如果一切可以重新開始，我會什麼也不準備就上街，甚至連紙巾也不帶一張。如果可以重來，我會赤足走在戶外，甚至整夜不眠。還有，我會去遊樂園多玩幾圈木馬，多看幾次日出，和公園裡的小朋友玩耍……只要人生可以從頭開始，但我知道，不可能了。」

這位老先生是個道道地地的商人，活在爾虞我詐的商場中，他曾經對自己的事業傾盡全力、親力親為，但自己卻被紛雜的世界弄得心力交瘁。直到臨終時，老先生才徹底覺悟：生活不需要很多錢，簡單生活，讓自己快樂才是最珍貴的。

生活在現實社會中的我們，往往忽略了簡單的力量。我們什麼都想、什麼都要、什麼都捨不得、放不下，欲望鋪天蓋地地掩蓋了所有幸福的感覺。在現今社會中有太多的資訊、太複雜的人際關係、太多的聲色犬馬、太多的誘惑與執著，我們很難聽到內心深處發出的單純聲音，很難看到人與人之間簡單的微笑，很難感受到清晰卻有力的心跳。

其實，只要我們讓自己簡單一些，無論外界如何紛亂，內在的世界都會安寧平和。簡單是一種生活的藝術與哲學，簡單生活首先是讓外部的生活環境簡單化。當你不需要為外在的生活花費更多的時間和精力時，也就為內在的生活提供了更大的空間。接下來，你需要對內在生活進行調整從而使其簡單化，這時的你就可以更加深刻地認識自我。

認識自我能讓你看清自己的內在，讓你為自己規劃出一套「簡化方案」。你可以關掉手機，摘下手錶，到一個山清水秀、鳥語花香的地方旅行。在那裡，你沒有任何負擔，沒有時間觀念，整個世界彷彿只剩下自己。沒有任何人會打擾你，沒有繁雜的東西會吞噬你的心靈。在這種簡單平和的能量場中，你會覺得自己體內有一股平靜流淌著的能量，簡簡單單，沒有任何雜質，安安靜靜地流淌在這樣一個世外桃源之中。

簡單生活並非物質的匱乏，而是精神的簡約；簡單生活也不是無所事事，而是心靈的純淨；簡單生活並不是要你放棄追求、放棄勞作，而是要抓住生活、工作中的本質及重心，去掉世俗浮華的瑣碎事務；簡單生活不是自甘貧賤，你可以開一部昂貴的車子，但仍然可以使生活簡化。總之，簡單生活就是要讓你的內心簡單，讓你的心思單純，讓你的生命旅程不被繁冗所累。

在寂寞中享受簡單的智慧

「昨夜西風凋碧樹。獨上高樓，望盡天涯路。」這句詩中提到的內容被王國維認為是成大事業、大學問者必經的第一種境界。然而，許多人因為無法忍受這種「噬人心骨」的寂寞，在這第一個境界中敗下陣來。

人們害怕寂寞，於是常常借助熱鬧的氣氛來躲避寂寞：不時地聚會，三五成群地泡在酒吧裡，整夜地K歌，不停地交朋友……人們總是能找到各種各樣抗拒寂寞的方法，結果卻越抗拒寂寞，寂寞越像影子一樣跟隨在身後。熱鬧之後的寂寞更加寂寞，不會有永久熱鬧的環境，當一切喧囂歸於平靜之後，你又會變成一個人，而寂寞也會再一次光臨你的心房。

有人曾這樣說過，所有人類的不幸，都源自無法一個人安靜地坐在房間裡。在人生的漫漫長路中，寂寞總是不請自來：在幽靜的房間裡、在無人的曠野上、在灑滿夕陽的黃昏、在只有蟲鳴的傍晚，寂寞像是一個從不遲到的士兵，總會在這些時候出現在你的周圍，讓你隱約地感受到寂寞的靈魂。你可能不習慣這樣的寂寞，也許沒來由地對它反感。但是這樣不僅不會讓寂寞離你而去，反而會讓它一直在你的身邊，直到把你吞噬。

如果我們不與寂寞抗爭，而是與它和平相處，那麼對於寂寞，你將會有更深層次的認識。寂寞的時候，生命會呈現出最簡單、最本真的樣子，整個空間中只有你一個人，只有你一個人的呼吸與心跳。你可以聽著掛鐘滴答滴答走動的聲音，可以聽著窗外淅淅瀝瀝的雨聲，甚至可以感受到血液汩汩的流動與脈搏一起一伏的跳躍。它們都與寂寞相互呼應，在你的周圍緩慢地流淌，釋放著單純的能量。

正是寂寞為你創造了一個如此簡單明晰的環境，讓你能在寂寞中享受簡單帶來的生動與智慧。西方有位哲人在總結自己一生時說過這樣的話：「在我整整75年的生命中，我沒有過四個星期真正的安寧。」由此看來，寂寞並不是每個人都可以擁有的。如果你此時擁有了寂寞，那你一定擁有了許多人都想追尋的夢想。

寂寞是一種難得的感覺，只有在擁有它的時候，你才能靜下心來悉心梳理自己煩亂的思緒與生活。該簡化的簡化、該刪除的刪除，把生命中繁冗的東西全部除去，剩下的便是簡單。寂寞讓你有時間面對煩亂的狀態，而你在享受寂寞的同時，又規劃了生活，簡化了內在與外界，讓心靈變得更加單純。

寂寞是一種使人成長的動力，只有在你擁有寂寞的時候，你才能讓自己的心智成熟起來。它讓你有時間面對成長，也讓你有機會思考人生。在寂寞的氛圍中，一切都歸於平靜，包括你的思緒，你能以最單純的思緒去考慮生活、考慮此時此刻。寂寞也是一種能量，一種平靜的、溫和的、不與世爭的能量。當你興奮的時候、快樂的時候，它從來不會爭搶你；而當你一個人的時候，它總會悄然地出現，像情人一樣伴在你的身旁。因此，請善待寂寞，因為它讓你的生活如此簡單，卻又如此明晰，讓你理清所有的紛爭與束縛，也讓你在單純之中獲得人生的富足。

讓心靈回歸最初的模樣

也許你已經忘記了自己最初的模樣：那時候你還很小，有一雙清澈乾淨的眼睛，一顆簡單純潔的心。那時你身邊的能量場雖然微小，卻一塵不染，你散發出微弱的卻又簡單的能量，任何人進入這個範圍，都會被你的單純所吸引。

隨著年齡的增長，外界的複雜開始「攻擊」你的內心，塵世的繁冗進駐了你的內心。那個最單純、最簡單的自我被你封鎖在體內，你不僅怕它被外界傷害，更不想讓自己以這種最簡單的樣子展現給他人。但是，這樣做只能讓你逐漸被世俗所吞噬，讓本真的自己失去光彩。其實，你無須感到害怕，當你把強加在身體與心靈上的枷鎖撤掉時，本真的自己會為你建立一個最純粹的能量場，它可以讓你遠離一切外界的困擾，釋放生命中最純粹的能量。

豐子愷是我國著名的漫畫家、藝術教育家，被稱為我國美育教育的先驅。他總像孩子一樣生活，保持著一顆童心，所以，他的生活充滿了歡樂。他曾在《我與新兒童》一文中指出：「我覺得一個人的童心切不可失去。大家不失去童心，則家庭、社會、國家、世界一定溫暖、和平和幸福。所以我情願做『老兒童』，讓人家去奇怪吧！」

豐子愷常常唱著小曲哄孩子睡覺；三筆兩筆畫幅畫引孩子們笑；和孩子們一起用積木搭汽車、造房屋；把小凳子擺成一排玩「開火車」；甚至和小女兒搶著看《新兒童》雜誌，一起討論裡面的問題，玩裡面的遊戲。這些普通的日常生活場景，都付諸豐子愷的心中、筆下，正是他讓自己的心靈回歸到了最初的模樣，才讓他在創作中神思飛揚。

可以看出，豐子愷對萬事萬物都有著深刻的愛。他用最簡單、最單純的心靈去看待世界，自然會獲得世界給予他的回報。明代的李贄寫過一篇文章叫做《童心說》，他說童心就是真心。的確，童心就是心靈最初的樣子，那個時候的心靈最乾淨、最簡單，它散發出的能量也最純粹。由此，我們能想到那些樂意幫助別人的人，他們都是用一顆最乾淨無雜的心靈去對待每一個需要幫助的人。當用這股最純粹的能量去做某一件事時，你所得到的回報也會是毫無雜質的。而這種單純的能量散發出去以後，勢必會得到一種同樣單純的能量，即內在的喜悅。

成人世界的規矩準則，是囚禁心靈的枷鎖。成年人的心靈沾染了世俗的色彩，他們將心靈囚禁在各種欲望與虛偽之中，心靈必然找不到最初的模樣。如果成年人用這樣的一顆心去呵護孩子，想必那顆童心也會慢慢失去了簡單的色彩。要享受簡單生活的愜意，首先就要讓心靈回歸單純。用單純的心靈去呵護身邊的人，才能讓這種簡單而純粹的能量無限地傳遞下去，最終讓世界充滿力量。

心靈如朝露，天然純淨，不曾被世俗污染，因而彌足珍貴，但也容易破碎乾涸。我們只有停止對世俗的迷戀，與最本真的自己連接，才能讓心靈擁有最單純的形態。隨著我們的成長，原本那微弱的能量場也會隨之慢慢增長，蓄積純粹的能量，從而讓我們擁有世界上最寶貴的力量。

瞭解潛藏在內心的敵人

當你覺得心裡不舒服，總覺得體內有一股力量上下亂竄，並且毫無規律可言的時候，很有可能是你內在的「敵人」在「搗亂」，它從內心深處向你攻擊，成為你內在最危險的敵人。

外在的敵人並不是時時出現，但內在的敵人卻一直隱藏在心靈深處。當你遇到不喜歡的事，或是與不和諧的能量碰撞時，它們就會蠢蠢欲動，進而讓你躁動不安，使你身邊的能量場也開始出現大幅度的波動。如果想知道這個敵人是誰，當你看完下面這個人的經歷時，也許就會有所瞭解。

有一個人這樣訴說自己的苦悶：「我這兩年一直心神不寧，總想出去闖一闖，總覺得待在我那個破公司實在悶得慌。看別人房子、車子都有了，心裡急得慌！以前也做過小生意，但都是賠多賺少；見別人摸獎賺到了錢，我也一心想摸成個暴發戶，結果一些錢全打了水漂。後來又找了幾家公司，不是這個公司離家太遠，就是那個與專業不對口，再就是待遇不好，反正找個合適的工作太難！天天如無頭蒼蠅一般亂撞，反正，我心裡就是不踏實，悶得慌。」

這個人之所以覺得苦悶，是因為內在的敵人在攻擊他。現在，想必你已經瞭解到這個敵人是誰了，它就是負向能量。面對急劇變化的社會，我們對前途毫無信心，做事也缺少恆心，見異思遷，成天無所事事。人們終日處在又忙又煩的狀態中，脾氣會變得暴躁，神經會緊繃，長此以往，自然會被負向能量所擊敗。

就像曾經受過的傷害一樣，有些傷害你無法遺忘，只是把它們藏在心底，但這並不意味著傷痛消失了，而是你小心翼翼地把它們收好了。但是當你身處一個與過去的傷害相同的情境中時，那些打包收藏好的傷痛就會迅速地爆發出來，再一次對你的內心造成傷害。內心的負向能量也是如此，各種看似無關緊要的事情都會誘發出內在敵人，使它攻擊你。你雖然會覺得此時的情境令自己十分不舒服，但無法意識到這個敵人是不是屬於你的內在，也許你只是把它歸結為外界因素，所以找不到方法戰勝它。

其實，當你瞭解了內在的敵人之後，戰勝它的方法就簡單多了。你只需保持淡定，為心靈建立起一個內在的屏障即可。在你建立這個屏障的時候需要格外小心，因為你的內心深處還存在著負向能量。如果你完全不考慮它們，只是為它們豎起一道圍牆，那就相當於你把負向能量留在了心裡，它們向外釋放的通道被你封死了。因此，在建立內在屏障之前，你需要先治癒傷痛，隨後再讓內心學會淡定，讓身邊的能量場處於緩和流動的狀態。

淡定是一種寵辱不驚的態度，當你擁有了它，就等於為健康的心靈設立一個奠基石。以堅強的內心面對使你困惑的人或事，以平和安定的心緒對待外界的嘲諷與煩亂，那麼你內心深處的敵人，就再也沒有容身之處了。

保持平緩而有規律的呼吸

平緩而有規律的呼吸是保持淡定的首要方法。假設你此時在與他人爭吵，你的身體會有怎樣的反應呢？你的心臟一定會比平時更強烈地跳動，呼吸加速，甚至會覺得身體中有股氣息要衝破胸膛而出。此時，如果你降低呼吸頻率，並做深呼吸為自己的內在帶進充足的氧氣。你一定會發現，當你的呼吸頻率降低以後，心臟也不會跳得那麼快了，憤怒的情緒也隨之減少了許多。

由此可見，呼吸的力量不容小覷。平緩而有規律的呼吸可以使煩躁的心緒平靜下來，也是一個人保持淡定的基礎。除非你一直過著田園生活，否則你一定深深懂得呼吸一口清新的空氣是一件多麼幸福而又難得的事情。如果你想讓自己的周圍一直存在淡定安寧的能量場，那就找個機會進行一次練習呼吸的旅行吧。

你可以利用週末或是假日，從溫暖的被窩中出來。避開嘈雜紛亂的車水馬龍，以及人聲鼎沸的鬧市，這些環境都會干擾你平緩的呼吸。如果條件允許，你可以去郊外旅行，因為那裡空氣清新，也少有嘈雜。在出門之前，請放下生活中的一切煩惱和負累，以開闊寬廣的胸懷來擁抱大自然，感受大自然，因為生活中的所有瑣碎小事都會與你淡定的能量場相碰撞。這並不只是一次簡單的呼吸旅行，還是一次對心靈的洗滌。

如果要去郊外，最好大清早的時候就能趕到那裡，因為早上的空氣是最清新的，而且清晨是萬物甦醒的時刻，你會感覺到大自然的生機盎然，從外到內，你都會有種生機勃發的感覺。接下來，最好找一個有山有水，有花有草的地方，這些美好的事物可以淨化你的內在，同時讓你散發出的能量也變得純粹。請閉上眼睛，用心聆聽鳥兒的鳴叫，是不是感覺牠們其實是在歌唱？牠們是在歌唱美麗安詳的世界，幸福快樂的生活；再看一看碧波蕩漾的湖水，如果沒有湖，一條小溪也不錯，看落花隨著流水漂去，聽溪水淙淙流動的聲音，就像是生命在流動，你會覺得這個世界是鮮活的、靈動的。

當你醞釀好一切的情緒之後，請深深地呼一口氣，像是要把內在的負向能量全部釋放出來。所有的憤怒、怨恨、痛苦都隨著你的呼吸排出體外。接著，請再深深地吸一口氣，將你周圍的一切安寧與平靜都完全吸進身體裡。一次深呼吸之後，你就已經掌握了其中的技巧。接著，讓你的呼吸逐漸變得平緩、綿長而富有規律，在呼吸之間感受內在與外界的安寧，感受身體內外緩緩流淌的能量。

呼吸平穩了，心情自然會變得寧靜，而你身邊環繞的能量場也自然會平靜安詳。在這個範圍中，所有負向的能量都會被反彈出去，不會侵擾到你。在習慣於平緩而有規律的呼吸之後，你的心緒就會隨之平靜下來，也就找到修煉淡定力的方法。淡定有著巨大的力量，當你的周圍只存在淡定的能量場時，周圍的一切人或事都會被你的能量所吸引，從而使整個天地處於和諧寧靜的狀態。

用內在生態對抗「精神污染」

提到「污染」二字，人們一定會想到環境污染。的確，我們所處的環境會受到各種工業的污染，但是，在現今社會中，除了環境污染，還有一些污染也在全球瘋狂地肆虐，那就是精神污染。

有人認為，一切外部的環境污染都是由精神污染造成的，如果沒有那麼多的利慾薰心、損人利己、短淺目光等精神上的毒素，就不會讓環境受到越來越多的傷害。隨著生活壓力、職場壓力的增大，越來越多的人染上了這種「精神毒素」：在家裡，把家人的囑咐當成嘮叨，把伴侶的關心看成監視，把孩子的淘氣當作吵鬧；在公司，與同事之間小小的誤會，偶爾受到的不平等對待，分配了自己不喜歡做的事情，等等，都會令人心裡感到不快。

這種精神的污染像病毒一般，侵襲了我們的生活，給我們帶來了負面的影響。如果不及時清除它，勢必會擾亂正常的能量流動與循環。既然如此，我們又該如何清除內心的「污染物」

呢?那就是建立起「內在生態」,即淨化我們的內在。讓內心產生淡定的力量,為自身建立起一個屏障,並且充分發揮其作用,將精神污染物從心中剔除,從而達到一種內外平衡的狀態。

這個淨化的過程很簡單:在你做出任何決定之前,請先考慮到事情的結果,以及將會給自己、他人、外界帶來的影響。如果這種影響是負面的,那麼我們必須要捨棄這種決定,同時重新考慮做出何種決定。接下來,你需要保持內在的平和,讓思想與心靈都得以沉靜,這樣,自身的能量場才能漸漸恢復平和的狀態。這種淡定平和的振動頻率會吸引來同樣讓你的內在獲得平和的事物。被吸引而來的事物充滿了美好平靜的感覺與能量,並逐步與你的能量場融合,形成一股更強大的淡定的力量。在這種氛圍下,內在的污染源也會一點點消失,最終會被淡定的力量化解,轉變成和諧的能量。當整個淨化過程完成後,你的內在空間就會呈現出一片空靈之景,那些不美好的、不和諧的負向能量與污染都在淡定的光芒中消散,只留下平和的能量在身體中流動。

我們需要凡事保持淡定,在面對任何事情之前都考慮到應對的方法,將淡定對人、淡定做事作為我們的生活原則與態度。正因為你運用淡定的力量為自己建立起了一個內在生態系統,才能淨化自己的內在世界,進而淨化整個世界。

用淡定的心接受世間的一切事物,好的、壞的、順心的、違願的,然後再將它們在安靜祥和的能量場中過濾成最美好的樣子,這樣你才能真正地消除精神的污染。周遭環境中的污染,稍用方法便可去除;身體表面的毒素,用藥物也能治療;而內在的污染,只能用淡定安詳的力量去化解、去根除。要知道，世間的一切榮辱勝負都如過眼雲煙般虛幻，一切的功名利祿也似浮雲般飄渺，唯有心中的那片純淨天空，才是永恆。

給自己留一段獨處的時間

有首歌裡唱道：「孤單是一個人的狂歡，狂歡是一群人的孤單。」這句歌詞是孤獨最真實的寫照。在獨處的時候，雖然只有一個人，但我們的思緒卻是鮮活的、跳躍的，因而我們的世界也充滿樂趣；而當我們走進人群中時，形形色色的人擁有著各式各樣的能量場，氣息相同的可以正常交往，氣息不同的能量場則會互相撞擊。這也是為什麼我們周圍的人越多，我們卻越覺得孤單的原因。

我們需要給自己留一段時間獨處，這樣做是為了確保我們的能量場中沒有任何人，任何事。在這個安定的氛圍中，我們不會受到任何外界的干擾，心思便會得以沉靜，整個人也會時刻感受到淡定的力量。試想，當你的生活被其他人、瑣碎事占滿時，內在的空間必然被占據，你也就因此而失去了自由。你可能會感到煩躁、開始不安，整日思考著如何應付身邊的人和事，或是沒來由地覺得恐慌。一旦你陷入這種境況中，就證明你身邊淡定的能量場被削弱了，而拯救的方法就是嘗試獨處。

獨處並不是孤單，在英語裡，獨處的英文為alone，而這個詞又源於中古英語all one，也就是合而為一。也許有人會產生疑問，獨處只是自己一個人，那要怎麼合呢？其實，這裡的合而為一，是指你與自己的本質結合，讓你與本真的自己融合在一起。

認識到這一點，你在獨處的時候就不會感覺到孤獨，也不會因無人相陪而特別躁動。你會淡然地接受一切，只意識到內心的自己，並逐步指引自己的內在與外在合二為一。在獨處中，保持淡定是不可缺少的，沒有淡定，就無法讓自己平靜下來；沒有淡定，也就無法安然地享受時間、享受生命。當你在淡定的思緒中獨自面對自己時，一種和諧而又平靜的能量場就會產生。你將處於這種輕輕流淌的能量之中，沒有浮躁的外在，也沒有煩躁的內心。你的身體與心靈都處於最平靜的狀態。在這種狀態的獨處中，會讓你更容易排除一切干擾，只是與自我在一起。

大多數人都不喜歡獨處，因為這會讓他們感到孤獨。而西方著名哲學家叔本華卻告訴我們，孤獨也是幸福和安樂的源泉。他說孤獨至少有兩個好處：其一，孤獨可以使我們成為自己。因為人越多，我們越會不自覺地陷入其他人的思維與感受中，沒有時間去考慮自己的事情，從而漸漸忘記了自己的本質。其二，孤獨使我們用不著和別人在一起。在你獨處的時候，整個空間只剩下你一個人，所有算計、陰謀、明爭暗鬥都會不復存在，剩下的，只有平和流動的能量。

人生會遭遇難以解決的問題、難以溝通的人，而每每此時，心中就會被那些盤根錯節的煩惱糾纏住，茫然不知如何應對。這時，如果你能給自己一段獨處的時間，讓心思定靜下來，讓內在產生淡定的能量，那麼不管紛繁的外界如何向你襲來，安定的能量場都會保護著你免受傷害。因此，與其和一群人在一起感受孤單，不如與本真的自己一同獨處。傾聽心靈深處的聲音，與內在平靜地交談，相信你很快就會找到淡定的力量的根源。

從容地活出自己的精彩

從容，是一種寵辱不驚的態度；從容，是一種內心真正的淡定與放鬆；從容，讓生命的腳步歸於平穩；從容，是智者皆有的覺悟。匆匆忙忙不應該是人生的常態，唯有從容才能讓躁動的心靈歸於平靜，折射出絢麗的光彩。

但是，在這個飛速發展的時代，「從容」二字似乎離我們越來越遠。人們越來越對自己身處的環境感到擔憂，整個社會也因為人們的失衡而變得更加浮躁，如此的惡性循環，使我們對生活更加無所適從，整日憂心忡忡，為各種無法控制的事物而煩躁，內心渴求的安定生活也離我們越來越遠。

有這樣一個美國旅行者在蘇格蘭北部過節的故事：

這旅行者問一位坐在牆邊的老人：「明天天氣怎麼樣？」老人看也沒看天空就回答說：「是

我喜歡的天氣。」旅行者又問：「會出太陽嗎？」「我不知道。」他回答道。「那麼，會下雨嗎？」「我不想知道。」這時旅行者已經完全被搞糊塗了。「好吧，」他說，「如果是你喜歡的那種天氣，那會是什麼天氣呢？」老人看著旅行者，說：「很久以前我就知道我沒法控制天氣，所以不管天氣怎樣，我都會喜歡。」

如果我們能像這位老人一樣，對待事物像對待天氣變化一樣淡定從容，那麼生活中自然會少了許多煩惱。從容是一種波瀾不驚的能量，而從容地享受人生的智者，也有著泰山崩於前而面不改色的鎮定。他們的內心安寧、鎮定，雖然同樣身負許多瑣事，卻能分清主次，知道什麼事情該做，什麼事情不需要著急。遇事從容不迫，做事有條不紊，優哉游哉地應對一切。

如果你想過這種舒心隨性、從容不迫的日子，只需放慢自己生活的腳步。你可以悠閒地一邊享受著美味的下午茶，一邊觀賞路邊的風景，看夕陽是怎樣一點一點地消失在地平線上。這時，你會發現，原來夕陽是那麼美好。

你也可以緩緩地翻開一本自己喜歡的書，細細品讀字裡行間散發出的墨跡幽香；或是聲情並茂地朗讀，讓每一個小故事，每一篇詩詞深深地敲響你的心靈，讓文字的美感取代心中雜亂的資料與枯燥的表格。這時，你會發現，原來從細小之處，也可以獲得從容。

你還可以什麼事情都不做，只是閉起眼睛，靜靜地坐在那裡，什麼也不想，什麼也不看。集中所有的思想，讓內在淡定安然的能量緩緩地流淌，感受它們在你周圍製造的和諧的能量場。你坐在這片寧靜安詳之中，沒有任何煩惱，也沒有任何干擾你心緒的因素，只是感受淡定的力量在你的內心產生。

獲得從容的方式有很多，我們只要去尋找一種更質樸、更釋然的生活就好。「把酒祝東風，且共從容。」這雖然只是詞人的一個願望，但又何嘗不是他內心深處的追求？端起一杯滿滿的酒，用你的款款深情問候久逢的光景。流連於旖旎的春色之中，徜徉於花香四溢的春風裡，乘興而來，盡興而歸，從容不迫，漫步徐行。

從容是一種淡定的力量，我們要從容地看待人生。只有內心平靜了，整個世界才會重新歸於平靜。只要保持內心的淡定與恬靜，我們就一定能夠尋找到從容的蹤跡，從而瀟灑地面對塵世間的一切。

能量摘要 >>>

※你擁有多少外物並不重要，重要的是你自身價值的高低，那才是生命價值的體現。

※我們無法控制擁有東西的多少，但我們可以掌握每一件東西的品質高低，包括生命。

※當你不需要為外在的生活，花費更多的時間和精力時，也就為內在的生活提供了更大的空間。接下來，你需要對內在生活進行調整從而使其簡單化，這時的你就可以更加深刻地認識自我。

※你可以關掉手機，摘下手錶，到一個山清水秀、鳥語花香的地方旅行。在那裡，你沒有任何負擔，沒有時間觀念，整個世界彷彿只剩下自己。沒有任何人會打擾你，沒有繁雜的東西會吞噬掉你的心靈。在這種簡單平和的能量場中，你會覺得自己體內有一股平靜流淌著的能量，簡簡單單，沒有任何雜質，安安靜靜地流淌在這樣一個世外桃源之中。

※如果我們不與寂寞抗爭，而是與它和平相處，那麼對於寂寞，你將會有更深層次的認識。

※寂寞是一種使人成長的動力，只有在你擁有寂寞的時候，你才能讓自己的心智成熟起來。它讓你有時間面對成長，也讓你有機會思考人生。

※要享受簡單生活的愜意，首先就要讓心靈回歸單純。用單純的心靈去呵護身邊的人，才能讓這種簡單而純粹的能量無限地傳遞下去，最終讓世界充滿力量。

※你需要靜下心來，感知內在淡定的力量，它會讓你身邊產生一個淡定安詳的能量場，從而

讓你釋放出無限的能量。這些能量逐漸向外擴張，逐漸吸引來有著同樣振動頻率的人與事物，彼此有秩序地運轉流通。

※當你醞釀好一切的情緒之後，請深深地呼一口氣，像是要把內在的負向能量全部釋放出來。所有的憤怒、怨恨、痛苦都隨著你的呼吸排出體外。接著，請再深深地吸一口氣，將你周圍的一切安寧與平靜都吸進身體裡。

※呼吸平穩了，心情自然會變得寧靜，而你身邊環繞的能量場也自然會平靜安詳。在這個範圍中，所有負向的能量都會被反彈出去，不會侵擾到你。

※你需要保持內在的平和，讓思想與心靈都得以沉靜，這樣，自身的能量場才能漸漸恢復平和。這種淡定平和的振動頻率會吸引來同樣讓你的內在獲得平和的事物。被吸引而來的事物充滿了美好平靜的感覺與能量，並逐步與你的能量場融合，形成一股更強大的淡定的力量。

※用淡定的心接受世間的一切事物，好的、壞的、順心的、違願的，然後再將它們在安靜祥和的能量場中過濾成最美好的樣子，這樣你才能真正地消除精神的污染。

※當你在淡定的思緒中獨自面對自己時，一種和諧而又平靜的能量場就會產生。你將處於這種輕輕流淌的能量之中，沒有浮躁的外在，也沒有煩躁的內心。你的身體與心靈都處於最平靜的狀態。在這種狀態的獨處中，會讓你更容易排除一切干擾，只是與自我在一起。

※集中所有的思想，讓內在淡定安然的能量緩緩地流淌，感受它們在你周圍製造的和諧的能量場。你坐在這片寧靜安詳之中，沒有任何煩惱，也沒有任何干擾你心緒的因素，只是感受

淡定的力量在你的內心產生。

第九章　喚醒心中的巨人

人在身處逆境時，適應環境的能力實在驚人。
人可以忍受不幸，也可以戰勝不幸，
因為人有著驚人的潛力，只要立志發揮它，就一定能度過難關。

——【美國】戴爾·卡內基

發掘隱藏在內心深處的種子

在你的內心深處，沉睡著這樣一顆種子：在你沒有發現它之前，它一直安靜地住在你的心底，輕盈得像一根羽毛，或是一個剛出生的小嬰兒。而一旦你發現了它，並且竭盡全力地把意識的光芒照耀在它身上時，一切都變了！這顆種子以驚人的速度成長，伴隨著它成長的還有無法阻攔的巨大能量。一旦這顆種子衝出了你的內心，就會成長為一個頂天立地的巨人，從而給你的生活帶來翻天覆地的變化！

也許有人已經猜出來了，沒錯，它就是潛能——隱藏在我們內心深處的一股力量！一百多年前，一位哲人曾這樣說過：「給我一批孩子，我可以按照你們的要求把他們培養成政治家、科學家、藝術家、騙子、小偷……」他之所以這樣說，是因為他瞭解了潛能的巨大作用。

潛能幾乎無處不在，與我們渾然一體。它既有有形的一面，例如耳朵的特別聽力、眼睛的特別視力等；又有無形的一面，例如第六感等。科學研究表明，一個普通人的大腦可以存儲50億本書的資訊，而人們只要發揮體內50％的潛能，就能掌握幾十種語言，獲得12個博士學位。由此可見，人的潛能是一種偉大而令人驚嘆的力量。這種力量一旦爆發出來，將會給我們的生命充填無窮的能量。

卡爾．威特出生於19世紀的德國。他八九歲時就能夠熟練地使用德語、法語、英語、拉丁語、義大利語和希臘語這六種語言。不僅如此，他還通曉物理學、化學、植物學和動物學，而且特別擅長數學；他在9歲的時候考入了萊比錫大學，10歲時又進入哥根廷大學，13歲時發表《三角書》一書，14歲時獲得哲學博士學位，16歲時獲得法學博士學位，同時被任命為柏林大學的法學教授。23歲時發表《但丁的誤解》一書，後來成為研究但丁的權威，並且一生都在德國的各著名大學授課。

也許有人說：「他是個天才！」恰恰相反，卡爾．威特在出生的時候被認為有些呆滯，他後來的成功全部來源於父親的教育方法。而這正驗證了前面哲人所說的話，把一批相同的孩子培養成不同的人。他的父親之所以能把卡爾．威特培養成才，正是因為他巧妙地開發了卡爾．威特的潛能，尋找各種辦法來激發 他的內在能量，因材施教，最終讓卡爾．威特的名字響徹世界！

潛能的開發不僅是一種方法，也是一種藝術。它不僅講求技巧與嚴謹的科學態度，也追求個性的發展。潛能的開發正是一個用科學的方法實現完美藝術的過程。愛迪生曾經說：「如果我們做所有我們能做的事情，我們毫無疑問地會使自己大吃一驚。」他提到的「所有我們能做的事情」，指的就是我們的潛能。潛能是存在的，而讓它無法發揮出功效的，正是我們對它的視而不見。所以，從現在開始，不要再對自己過去的無力感到悲觀與低落，因為那樣做會讓負向能量遮擋住潛能的光芒。你需要發掘出內心深處的這顆種子，並讓它在正向的能量場中迅速成長。

與自己的潛意識溝通

當你睡著的時候，心臟仍然會繼續有節奏地跳動，呼吸也不會停下，一呼一吸，讓你的血液吸取新鮮的空氣；你的消化系統、腺體分泌等都在一刻不停地運轉；當你在高談闊論的時候，腦海裡還可以想著另一些事；當你不斷地祈禱好事的時候，你的生活很快就會好事連連……

這一切都說明：我們生活中的一切，都是潛意識的真實反映，是我們潛意識中的各種思想和觀念，造就了現在的我們。心理學專家曾指出，如果將人類的整個意識比喻成一座冰山，那麼浮出水面的部分就是顯意識，約占全部意識的5%，也就是說，隱藏在水面下95%的意識都是潛意識。

人的內在蘊藏著巨大的潛能，而這些潛能就存在於我們的潛意識之中。要想發揮潛能的威力，我們就需要與自己的潛意識溝通，從而釋放出強大的內在能量。

墨菲博士曾說過：「我們要不斷地用充滿希望與期待的話，來與潛意識交談，於是潛意識就會讓你的生活狀況變得更明朗，讓你的希望和期待實現。」所以，不管你是否聰明，不管你的身分地位高還是低，也不管你的夢想多麼遙不可及，只要懂得善用這股潛在的能力，任何人都可以實現自己的願望。

布洛克是一位銷售人員，年收入有2萬多英鎊，但在最近的三個月中，所有的門似乎都向他關閉了。他煞費苦心地與客戶談判，卻總是在最後要簽字的時候失敗，他說好像有鬼在跟著他，阻礙他，他認為造成這樣結果的是因為那個醫生。三個月前，有位醫生許諾要和他簽一項協議，但在最後的時刻那個醫生沒有遵守諾言。這使布洛克後來一直生活在恐懼中，害怕其他客戶也會這樣做。逐漸的，他變得沮喪、充滿敵意和心理扭曲，並形成了一個惡性循環。他總是認為，最害怕發生的事情終於發生了。但他後來意識到，問題出在他自己身上，他要改變這種心態才行。

「我相信自己的潛意識，它不知道什麼是障礙和困難。我生活在對最美好事物的快樂的期待中，我內心深處就是我思想的反映，我相信自己的潛意識無所不知。我的生活目標就是要提供最佳服務，祝福所有的人。我所做的一切都是按照上帝的旨意，會產生最美好的結果。」每天早晨在工作之前，以及每天晚上在睡覺之前，他都堅持這樣想。不久，他的潛意識中就建立了這種新的習慣模式，他又開始像以前一樣，自信滿滿地做起生意，後來成為一個成功的商人。

布洛克發覺了潛意識的力量，並積極利用自己的潛意識，最終獲得了成功，而我們也需要如此。當你回應了潛意識的召喚，就可以讓自己的生活向著所期待的方向發展，也就是人們常說的「心想事成」。

潛意識會依照你心中設定好的景象來構造真實事物，你一旦確定好了心中所想，潛意識就會接收到你傳遞的資訊。如果你的潛意識中充滿了樂觀與積極，那麼你周圍的能量場也必然是積極的，而且它將會為你吸引來一切有利的積極因素；如果你的潛意識中充滿了悲觀與絕望，那身邊的能量場自然充斥著悲觀與絕望的能量，你的生活也會被這些負向能量所干擾。

潛意識的力量是無窮無盡的，它時刻引導著我們、激勵著我們，像一位默默奉獻的慈善家，盡職盡責地滿足我們的各種需求。潛意識是認識我們自身的管道，也是一切偉大理想與抱負的源泉。因此，你需要與潛意識進行溝通，將自己的心願告訴它，並且為它指出一個正確而積極的方向。你可以激發起自身的潛能，為自己的生活和工作帶來無窮無盡的能量。

強化對成功的「飢渴精神」

一個人，要是有錢又不富有，不富有又有那麼一點錢，這似乎是最糟糕的事情。因為，這種狀況可能會消弭一個人的能量，讓惰性等負向能量占據身心。而如果一個人一分錢也沒有，整天餓著肚皮，那麼為了活下去，他就要不停地想辦法，想著怎樣才能混到飯吃，這樣，他的內在就會產生一種想要獲得美好生活的能量，從而讓他能盡快實現夢想，這就是「飢渴精神」。

飢渴精神最初指人為了一日三餐煩惱，從中深深感受到貧窮的滋味，進而產生一種強烈的賺錢欲望。後來延伸為廣義的精神上的飢渴，包括對金錢、愛情、成功，等等。只有在這種飢渴的狀態下，我們才會為了填飽肚皮而奮發努力；只有在這種飢渴的情況下，我們才能釋放出內在的積極能量，並運用它吸引來所有能讓自己獲得幸福的東西。一個人如果沒有飢渴精神，那麼他對任何事都不會抱有希望。潛意識接受了他的這種消極暗示，也自然不會為他激發潛能，更談不上改變他的生活了。我們只要把對成功的「飢渴」作為日常狀態，把在這種狀態下產生的那種強烈願望作為自己走向成功的銳利武器，就可以激發內在的潛能，從而改變自己的生活狀態，讓自己更優秀、更完美。

我們去做某事的最佳時機就是當我們對成功非常飢渴的時候，這時自己內在的能量也處於非常強勢的狀態。如果我們在這時主動出擊，潛能必然會主動跳出來幫助我們。要知道，每一次拖延和遲緩，每一次在思想上的猶豫，都會消磨我們的決心，削弱我們的能量，甚至會帶來一些負向能量。這些負向能量往往會吸引來不好的事情，潛能自然不會被激發出來，這樣，我們離夢想與成功就會越來越遠了。

保持飢渴精神的方法有很多，在這裡教給大家一些強化自己對成功充滿「飢渴精神」的簡易小方法。每次練習*15*秒，每天重複*3*次，地點和場所均不受限制。

請集中注意力對自己說：

我渴望……

我需要得到……

我一定要做到……

一定要擁有……

當你堅定而大聲地喊出這些話的時候，隱藏在內心深處的潛意識就會聽到你的這一召喚。在你的潛意識對這種強烈的「飢渴精神」做出回應的同時，也賜予你無窮無盡的潛能。你可以藉由一次次地練習逐步強化自己與潛意識的溝通，在練習中讓潛意識更加迅速地對你做出回應。一旦你熟練地掌握了這種練習，那麼內在的潛能就會源源不斷地釋放出來。

飢渴精神屬於每一個人，它可以激勵你積極向上，不斷地釋放內在力量，讓你一步一步走向成功。當你感覺到內心深處有一股不可抑制的能量蠢蠢欲動的時候，當你發現自己是那麼強烈地渴望去做某事的時候，當你的理想和自我意識發出無聲吶喊的時候，都是內在的潛能在呼喚你。你此時需要做的，就是積極主動地為它開創一條通往外界的道路，讓內在能量源源不斷地釋放出來。從現在開始，每天強化自己對成功的飢渴感，不要讓這種正向的能量場衰弱，因為這個能量場將會讓你離成功越來越近。

打破沉悶的生活模式

潛能的繁衍需要不斷新生的空間，我們在一切舊事物的循環之中都無法捕捉到潛能的影子。唯有打破了此時沉悶的生活模式，我們才能為潛能打通一個出口。它會在全新的生活模式下源源不斷地釋放自身的力量，讓我們獲得最寶貴的能量。

某位推銷員在為自己的工作做總結時，將自己每天平均的訪問次數除以平均訂約的件數後發現，他的顧客訂立契約的機率很低，原因在於他在每次得到和大顧客訂約的機會時，總是因為畏縮或怠惰而喪失良機，而且他甚至從來沒有訪問過這些顧客。為了提升業績，他開始思考自己的工作現狀及態度，決心改變現狀，積極地訪問可以訂立契約的大客戶，並增加每天的訪問次數，努力爭取更多的訂單。此後，這位推銷員的能力得到了很大的提升，5個月後，他獲得了比從前多5倍的訂單。

還有一位上班族，他每個月的收支都呈赤字，只有靠著年終獎金才能勉強平衡，因此他整天悶悶不樂，覺得自己是一個毫無成就的人。這樣的狀況持續了很久，後來有一天他反問自己：「為什麼別人賺得比我多？」仔細思考後，他得出了兩種增加收入的方法：第一，更加努力地工作；第二，做些副業以增加收入。他決定兩種方法同時進行。他對生活的重新規劃得到了回報，努力地投入的結果呈現在眼前：以前他每個月要為赤字而焦頭爛額，而現在，他終於有了為數不小的儲蓄。

故事中的這兩個人原本的生活可謂循規蹈矩，毫無作為。但是，自從他們改變了舊有的模式，打破了沉悶的生活後，內在的潛能因此被激發出來，極大地改變了他們的生活。

如果生活過於沉悶，那麼你必然不會提起太大的興趣。這種毫無感覺的麻木狀態讓自身的能量場也如一汪死水一般，毫無波瀾，你身邊的能量場也只是維持著以往的頻率運轉，無法讓你產生激發潛能的念頭；如果打破沉悶的生活，為其注入一些鮮活的元素，那麼你自然會被各種新奇的事物激發起來。你身邊的整個能量場也會隨之鮮活靈動起來，它的振動頻率也必然不會像平常一樣。潛能恰恰可以接收這種振動頻率，在這種頻率下，潛能才會被激發起來，釋放出強大的力量。

沉悶單調的生活阻礙了潛能的釋放，而這種生活同樣也會讓人們喪失鬥志。與其終其一生尋找成功的影子卻碌碌無為，不如走出陳舊的生活模式，給潛能提供一個出口。不管你現在是學生還是上班族，不管你此時是否年輕，都可以從現在開始重新規劃自己的人生，讓深埋於心底的潛能甦醒與繁衍。

打破陳舊必然伴隨著新生能量的誕生，正所謂「舊的不去、新的不來」，當你身邊一切舊有的負向能量全部被新生的能量替代時，內在的潛能也會逐漸甦醒。當潛能意識到你想改變自己的生活，並且擁有獲得美好生活的決心與勇氣時，它就會竭盡全力地幫助你，讓你獲得意想不到的成功。

他人助你尋回潛藏的力量

生活賜予我們各種各樣的事物，有些是我們喜歡的，有些是我們不喜歡的。我們喜歡某一些人，自然會與他們親近；我們不喜歡的那些人，會不自覺地遠離他們。而生活的公平性就在於，我們可以自己選擇。

於是，我們選擇了聽那些美好的語言、善意的提醒；對於有些不美好的聲音，則選擇了迴避與遠離。我們充分地利用了自己可以選擇的權利，避開那不想聽、不想看的東西，殊不知，這樣只會讓我們失去很多認識自己的能力。

要知道，他人是我們人生的一面鏡子，因為我們對自己的認知往往存在著局限，而其他人是站在另一個角度，也就是公正公平的角度來看待我們的所有優點與缺點，這樣的評價也自然少了許多偏頗。如果我們借助了「他人」這面鏡子，就會發現自身更多的優勢，從而開發出更多隱藏的潛能。

心理學家約瑟夫和哈利一同研究出來的「約哈利窗」恰好給了我們一個提示：借助他人尋回潛藏的力量。約瑟夫和哈利將人類的內在能力劃分成四個區域，即：公開區域、隱私區域、盲點區域、潛能區域。透過字面上的理解，我們可以輕鬆地懂得每一個區域的含義：公開區域就是我們自身與外界都看得見的能力；盲點區域是我們自己看不到，別人卻有可能在我們的言談行動發現的能力；隱私區域毫無疑問的是我們自己看得見，卻不想讓其他人看見的能力；潛能區域即是我們與外界都無法看到的能力。透過對這四種區域面積大小的調適，內在的能量也會發生變化。公開區域越大，其他三種區域面積就越小，人們所獲得的能量也就越大；隱私區域減小，盲點區域與潛能區域也會逐漸縮小，它們所釋放出來的能量就會越大。

我們從約哈利窗中可以得出這樣的結論：他人看得見我們無法看見的盲點區域。如果我們能夠接受對方無論好壞的指點與意見，就會發現許多自己不曾注意到的能力。在他人的建議下，我們可以完善自己的不足之處，還可以激發出自己不曾發現的內在力量。可見，遠離那些我們不喜歡的人，並不是最明智的做法。我們需要借助他人的力量與內在的潛能連接，其方法就是接納所有的意見。毫無疑問，我們公開的資訊越多，他人掌握的有關我們自身的資訊也就越多。

我們因為看不見自己的面貌，才會從鏡子中欣賞自己。同樣的，當我們無法準確地衡量自己的能力時，也需要尋找一面鏡子——利用別人對我們的態度和反應，來獲取正確的自我認知。潛能是隱藏在內心深處的一種能量，我們無法直接觀察，但可以透過我們的一言一行表現出來，因而，我們可以借助他人的注意力發現自身隱藏的能量。如果我們想讓內在的能量全部釋放出來，不妨多交幾位摯友，讓他們幫助我們發掘自身的潛能。無論是優點，還是缺點，只要是我們沒有發現的，都將是誘發潛能釋放的因素。

讓希望住進內心

每朵陰鬱的烏雲背後都有明媚的陽光，每個寒冬的身後都跟隨著旖旎的春光，無論何時都不要放棄希望，因為任何事物的背後都蘊藏著巨大的力量。

英國著名詩人莎士比亞曾說過：「黑夜無論怎樣悠長，白晝總會到來。」這句話就是告訴我們：要時刻保持希望。其實這種方法很簡單，你可以總是抱著希望說「我希望自己能成功」，或是「我希望自己成為首屈一指的業務員」，而你希望的這些事情將會被你的潛意識所接納，並且激發內在的潛能來幫助你實現這些願望。

有這樣一個實驗：

某位心理學家將第一組的兩隻小白鼠放入一個裝有水的容器中，牠們在這個容器中堅持了8分鐘左右。然後，在同樣的容器中放入第二組兩隻小白鼠，在5分鐘左右的時候，心理學家在容器中放一個可以讓牠們爬出容器的跳板。這兩隻小白鼠從跳板中爬出，活了下來。幾天以後，研究人員又將第二組的兩隻小白鼠放入了同樣的容器中，但結果出乎意料：這兩隻小白鼠竟然堅持了34分鐘，是正常情況下時間的3倍。

因此，這名心理學家總結說，第一組的兩隻小白鼠只憑藉自己的體力求生，最終只維持了正常時間8分鐘。而第二組小白鼠在第一次實驗的時候，一個跳板救了牠們。因此在第二次實驗時，牠們相信某個時間也會有個跳板來救牠們，這個希望讓牠們堅持了更長的時間。而這種希望也自然為牠們獲得了生機——在第34分鐘的時候，心理學家又在裡面放了一個跳板。

這個實驗說明了希望的力量，小白鼠有了生存的希望，發揮出了比正常情況高出3倍的潛能，這的確是令人吃驚的。同樣，如果我們的內心也存在著強烈的希望，那麼，即使我們此時一無所有，只要希望不滅，我們就可以擁有一切。

現實中，總是有許多人輕易就丟掉了希望，他們認為自己不管做什麼都不會得到好的回報，未來也是一片茫然。如果內心沒有了希望，那麼無論多美好的事情擺在眼前，都不會看到任何光芒。沒有了希望，我們的消極情緒與心態都會被潛意識接收，它會按照我們的指引向負面方向發展，因而讓我們錯失許多東西。在這種消極悲觀的能量場中，潛能尋找不到任何可以釋放的途徑，最終又會消失在我們的內心深處，隱藏起它所有的力量。

其實，人們都是一樣的，對待生活中的難題與麻煩都沒有太多的自信，但之所以有人會在絕境中成功，是因為他們沒有放棄希望。他們抱著輕鬆的心態來看待問題，抱著美好的希望來處理事情，而凡事以輕鬆的心態來面對生活的人，也最終會得到生活的豐碩回報。

只要讓希望住進內心，無限的潛力就會被它激發出來，讓我們的潛能發揮到極致。人是有能量的動物，而人的內在也蘊藏著無限的能量，但前提是一定要有希望。由於你的心靈存在著潛能，所以在面對生活中的難題、工作中的困境時，請打開心門，讓希望湧進你的內心，這樣潛能才會從你心底釋放出來，與希望一起成就你的夢想。

珍惜那些偉大的稟賦

一個不懂得珍惜自己的人，不可能發揮其內在蘊藏的巨大潛能，因為他不覺得自己很重要。而這種「我不重要」、「我不需要珍惜自己」的暗示被潛意識接收了以後，就會讓你在接下來的生活中越來越不重要；而如果你懂得珍惜自己，珍惜自己身上蘊藏的能量，潛意識就會接收這種「我很重要」、「我珍惜自己」的暗示，從而激發出潛能幫助你實現所有的夢想。

你擁有著足夠的能力——可以激發生命全部能量的能力，而你需要做的，就是去支配自己與生俱來的能力，讓它們幫助你改變眼前的生活。不要自怨自艾、顧影自憐，要相信自己存在的價值，更要愛自己。

一個年輕人，整日精神不振、鬱鬱寡歡。一位老人見到他時，他鬱悶地在河邊坐著，一顆顆地向河中拋著小石子。老人走過來對他說：「小夥子，你怎麼悶悶不樂的？」

年輕人抬頭看了看他，嘆了口氣，「我一無所長，公司的每一個人能力都比我強。」

老人笑了笑，換了個話題問，「你的身體健康嗎？」

「當然健康，我從小到大都沒怎麼生過病。」他只是愣了一下，提到身體，反倒有了幾分精神。

「那你的頭腦是否聰明呢？」

年輕人仔細想了想，很認真地回答，「算不上特別聰明，但反應還不算慢。」

「那你的辦事效率高不高呢？」

「嗯……還算可以，只要我想做的事，一般都會按時完成。」

老人索性又問他幾個問題，見他眼中的迷茫少了許多，微微一笑，又說：「既然如此，那你將這些自己認為『一無所長』的能力賣給我怎麼樣？」

年輕人盯著老人半天，以為他在說笑話，這些東西怎麼能賣？但看到老人堅定的眼神才恍然大悟，原來自己有這麼多的能力，只是沒有注意罷了。

他想明白這些以後，站了起來，向老人恭恭敬敬地鞠了一躬。

這位老人沒有直接為年輕人講道理，而是一步步地引導他意識到自己真正的能力，這種尋找自我價值與能力的方法對於我們每一個人都同樣受用。我們對待自己的一切能力與稟賦，也應該秉承這樣一種方法，尋找它們，使用它們，讓內在的潛能有可以實現的途徑。

每個人身上都蘊藏著無窮無盡的能量，它可以幫助我們創造無限的價值。這些能量釋放的前提是我們的關愛與珍惜，我們要善待自己的一切：身體、才智、天賦，它們是我們的一部分，一定要像愛自己的親人一樣愛它們。

每一個人都是造物主所創造的最獨特的個體，哪怕你此時的生活不理想，哪怕你此時沒有太多的財富，這些都不重要。重要的是你是否善待自己的一切，你是否善於運用這些與生俱來的能力激發出內在的能量，讓潛能源源不斷地釋放。相信只要能夠珍惜自己，內在的能量也會珍惜你，從而讓你成為生活中真正富有的人。

你是宇宙中的一個精神能量體

人乃萬物之靈，在地球這顆美麗的星球上，人類主宰著一切。但是，人類賴以生存的一切都源自宇宙能量。人不能創造能量，只能感知和利用能量。在這一刻，請閉上眼睛，慢慢地感受你的呼吸、你的心跳、你的脈搏……

呼吸是沒有條件、沒有意識的，在一呼一吸之間，生命有了維持下去的可能；我們的心臟持續有力地跳動，把血液輸送到全身各處的組織和細胞，維持著正常的新陳代謝；我們的身體內時時刻刻都在發生著化學反應和物質交換，維持著生命活動；而大腦的高速運轉讓我們能夠觀察、思考、感知這個世界。一股無形的能量支持著我們，讓我們感覺到生命的氣息。這股力量來自於宇宙，它只是從我們身上流通，而每一個人只是宇宙中的一個精神能量體。

由著名導演詹姆斯．卡麥隆執導的科幻鉅作《阿凡達》，不僅為我們講述了一個美麗的故事，更為我們理解自身這個能量體提供了很好的參考。

主角傑克是一個雙腿癱瘓的前海軍陸戰隊員，被派遣去潘朵拉星球的採礦公司工作。他走進一個艙體之後，隨著一道閃光，他的意識進入了他在潘朵拉星球的「化身」——酷似納美人的藍色軀體中，這個化身完美無比，甚至連眼神都極具說服力。接下來，傑克開始了他的神奇之旅。

在潘朵拉星球上，有著晶瑩聖潔的靈魂樹，它是納威遠古祖先生生不息繁衍下的種族精神，是凝聚潘朵拉星球上萬物萬靈和諧共處、平等互敬的圖騰。納美人重視心靈的溝通，人與人，人與動物，人與植物，所有生物和諧共處。

不得不殺死動物時，納美人會撫摸動物，並為牠祈禱：「願聖母與你同在！」在傑克挑選自己的翼獸時，他也學著納美人的樣子用辮梢與翼獸建立起「連結」。就在一瞬間，翼獸的眼神忽然變得溫柔，一次飛行，終生相伴……

納美人懂得生命的存在不過是從此到彼，循環不已；神是無所不在的，納美人的所思所想神都能感知，並在冥冥中指引著納美人順應自然的規則。雖然現實世界看起來是二元性的，有光明、有黑暗；有貧窮、有富有；有善良、有邪惡；有美好、有醜陋；有成功、有失敗……但這一切都是假象，每個人都是感應宇宙能量的精神體。我們來自於宇宙，我們的本源是聯結在一起的，我們都是喜悅、平安、永恆的化身。

我們也能夠像電影中的傑克一樣，將自己的感受和靈魂與其他生命體，包括植物、動物甚至沒有生命的事物進行交流。我們可以感受到水滴的剔透、花朵的愉悅、飛鳥的自由……這種感受和體驗，有助於我們更好地瞭解自然、融入自然，感受宇宙的能量。

無論你是何種身分，做什麼事情，你都在不知不覺地使用宇宙能量。當你能夠聆聽內在光明的指引，回歸生命的本源時，你就會感到一股滿足感和輕鬆暢快的能量流；而當你與宇宙的聯結出現問題，心靈被現實世界蒙蔽的時候，你就會感到渾身無力，悲觀沮喪。

偉大的宇宙有一股無形的力量、一股永遠存在的能量，人是感受這股能量的精神體。只要我們遵循宇宙法則，與宇宙聯結，合理運用這股力量，必然能夠度過快樂、富足、圓滿、成功的一生。

在休憩中攫取宇宙的能量

每個人都是世界上最神聖的存在，每個人的內在世界都蘊藏著宇宙間最偉大的力量與智慧。我們的身體就像是設計精密的儀器，當它高速運轉時將會耗費大量的能量，而這些能量的源頭則是宇宙。當我們覺得疲憊的時候，應該放慢腳步，給身體一個喘息的機會，因為人們能夠在休憩中攫取宇宙能量，從而在現實世界中創造輝煌。

一天晚上，瑪莎接到了主編的電話，要求她當晚趕寫一篇重要的稿件，第二天一早便要刊發在報紙上。這篇文章不僅緊急，而且涉及很多專業知識，瑪莎查閱了很多資料依然不知從何著筆。

她疲憊並且絕望，便決定把這一切煩惱拋之腦後早早睡覺。這一覺便睡到了第二天清晨，當她睜開眼睛時，腦海裡頓時浮現出昨晚翻看的各種資料，更為神奇的是，這些資料竟然像被加工過一樣，既清晰又有條理。她安靜地躺在床上認真地思考了幾分鐘，一篇完整的文章便呈現在她的腦海裡。

瑪莎迅速地從床上跳了起來，跑到書房裡奮筆疾書，很快就完成了這篇稿子。

從那天開始，她便常常使用這種工作方法。後來，這種做事方式也影響到了她的生活，她常常把生活中一些難以解決的問題留到第二天早上，以便擁有一個比昨天更加清晰的思路。

像瑪莎這樣要在短時間內完成一項艱難工作的經歷想必每一個人都遇到過，但我們不會像她一樣，懂得適當地休息，獲取來自宇宙的能量。工作與生活總會給我們帶來一定的壓力，這會讓我們周圍的能量場發生紊亂。而適當的睡眠則可以讓身體自由舒展，讓心靈徹底放鬆，是激發內在能量的有效途徑。

但是睡眠並不是我們恢復能量供給的唯一途徑，除了睡眠之外，我們還可以緊閉雙眼，用自己的手指尖用力地按摩前額和後脖頸處，有規則地向同一方向旋轉；學會腹式呼吸，自然放鬆，緊閉雙眼，呼氣，腹部鼓出，然後緊縮腹部，吸氣，放鬆，使腹部恢復原狀，正常呼吸數分鐘後，再重複這一過程，以讓我們的身體機能達到最好的狀態。

你還可以嘗試各種不同的新方法，做一些自己不常做的事。比如，雙腳跳躍著上下樓梯；哼唱自己喜愛的歌；選擇一項適合自己的運動；舒適地坐在一個安靜的地方，雙目緊閉，深呼吸，放鬆緊張的肌肉。

機器隔一段時間需要修整一次，而人類也需要在繁忙的工作之餘進行一次休憩。在休憩的時候，你需要保持平和、寧靜的狀態，讓自身的能量場呈現出和諧的狀態，這樣的狀態能夠讓你從宇宙中獲得更充沛的能量。而且當你從休憩中醒來的時候，你百思不得其解的問題很可能會被宇宙的力量解決。

把自己當成地球的過客

時間是宇宙賦予人類最神聖的禮物，也是一種一旦失去便永遠無法找回的能量。如果我們好好利用每一分鐘，那麼時間將賜予我們無限的潛力。

每個人的生命都是有限的，組成我們生命的每一分鐘都十分珍貴，浪費一分一秒都是對自己生命的輕視。著名數學家雷巴柯夫說過：「時間是個常數，但對惜時者來說，時間是個變數，用『分』來計算時間的人，比用『時』來計算時間的人，將多59倍的時間。」世界上凡是有成就的人，無不是惜時如命的人。

愛迪生以「惜時如命」為座右銘，勤奮一生。有一次，他的妻子怕他病倒，讓他去找一個自己喜歡的地方休養。愛迪生拍拍腦袋，欣喜異常地說：「好的，我找到了一個喜歡的地方了。」妻子問他：「什麼時候動身？」他爽快地回答：「明天就去吧。」他妻子高興極了，便忙著給丈夫準備行裝。第二天，她卻在實驗室裡找到了愛迪生。愛迪生幽默地說：「這就是我最喜歡的休養勝地呀！」妻子把這件事講給愛迪生的一位朋友聽，朋友勸愛迪生：「你要愛惜自己的身體，該休養就休養。」愛迪生說：「人生太短暫了，需要做的事情還很多，能不兼程而進嗎？」

生命是一種時間的遞減，每過一分鐘，生命便會失去一分鐘。愛迪生正是認識到了這一點，從而將「惜時如命」作為自己的座右銘。他讓生命中的每時每刻都發揮出最大的力量，也讓自己的生命實現最大的價值。

有人算過這樣一筆帳：假如人能活*70*歲，每天睡覺需要*8*小時，那麼*70*年會睡掉二十萬四千四百小時，合八千五百一十七天，為*23*年零*4*個月。這樣，人還剩下*46*年零*8*個月的時間。還有閒聊、看病等時間，再加上退休後不工作的時間，約合*36*年零*2*個月。如此算來，一個人活到*70*歲，只有*10*年零*6*個月的時間可以用來做事。如果對於時間的寶貴你還沒有明確的認知，那麼請將自己假想成是地球的過客，這樣你會發現有太多事情要去做，而時間竟如此有限。

法國作家巴爾札克，只活了*51*歲，創作的作品卻非常多。光是《人間喜劇》就包括*94*部小說。*94*部，意味著每年平均得寫三部，而一部書，且不說創作，就是抄寫一遍，也需要許多時間。巴爾札克是如何運用時間的呢？他平日善於觀察，勤於記錄，累積了許多資料和素材。一且認為時機成熟，就把自己關起來，鎖上門，拉下窗簾，除了吃飯時間外斷絕與外界的一切聯繫，每天工作十五、六小時。如此連續作戰，直到他興高采烈地捧著一部新作品，從房內雀躍而出為止。

巴爾札克將生命能量發揮到了極致，讓每一天都具有非凡的意義。他珍惜時間，而時間也同樣珍惜他的努力，讓他完成了一部又一部精美的作品。他的故事提示我們：時間讓人與宇宙相通，讓宇宙的能量源源不斷地流經人體。

人生不過是我們從宇宙手中「借來」的一段歲月而已，珍惜每一分鐘正是珍惜我們的人生。唯有把自己當成地球的過客，才能讓這種珍惜時間的思想停留在腦海中。每一分鐘都存在著能量，我們的生命也正是由每一分鐘構成。請珍惜時間，讓生命中每一分鐘的能量都得到最大程度的發揮。如果做到了這一點，你必然會得到來自宇宙的力量，你的生命也會綻放出最美麗的光芒。

維繫好與大自然的能量聯結

大自然的能量是宇宙能量的直觀體現，我們若想與宇宙相通，就先要將自己置身於大自然中。在日光下舒展，在夜色中起舞，與花朵為伴，與蟲鳥為友，體會大自然的美妙，感受它帶給我們的自然清新的能量。

一個夏天的下午，桑尼夫人與她的朋友去遊玩，他們在優美的墨亨客湖山上的小屋中休息。這裡位於海拔*2500*公尺的山腰上，是美國最美的自然公園。墨亨客湖就是「天空中的翠湖」之意，在幾萬年前地層大變動時，造成了高高的斷崖。桑尼夫人的眼光穿過森林及雄壯的崖岬，輕移到丘陵之間的山石，剎那間光耀閃爍、千古不移的大峽谷猛然照亮了她的心靈，這些美麗的森林與溪流就成為滾滾紅塵的避難所。

那天下午，夏日混合著驟雨與陽光，乍晴乍雨，桑尼夫人和她的朋友全身濕淋淋的，衣服貼著身體，心裡有些不快。慢慢的，她的整個心靈被雨水洗淨，冰冰涼涼的雨水輕吻著臉頰，霎時引起從未有過的新鮮快感，而溫暖的陽光也逐漸曬乾了衣服，話語飛舞於樹與樹之間，談著談著，靜默來到她和她的朋友之間。

他們用心傾聽著四方的寧靜。當然，森林絕對不是停滯的，在那裡有千千萬萬的生物接受著大自然慈愛雙手的孕育，但是它的運作聲卻是如此的和諧平靜。在這個美麗的下午，大自然用慈母般的雙手撫平了桑尼夫人和她的朋友們心靈上的焦慮、緊張。

這是個高速發展的時代，也是個充滿苦痛的時代，尤其是都市裡的噪音及快節奏的生活往往令人難以忍受，那些雜亂無章的能量干擾了我們自身的能量場，使人心力交瘁。生活在嘈雜都市中的人們，不妨像桑尼夫人和她的朋友那樣，不時走近大自然，感受大自然，讓大自然寧靜的能量安撫我們的內心。

讓眼睛看向遠方的地平線，改變生活中的焦點，你會發現，自己花越多時間在大自然的美景中，就有越多的焦慮被消除。如果你有一個小小的庭院，可以在院中種不同葉形、不同顏色的植物，修剪樹葉，或採集果實和種子，做做園藝。你可以放著花園某個角落不整理，作為鳥兒和昆蟲的天堂。認識你所種植的植物或花的名稱，瞭解它們的生長特性，從你的庭院或附近的公園收集不同種類的樹葉，舒適地坐下來認真地研究它們——樹葉的形狀、顏色和紋理。壓在手掌心裡感覺它們的涼爽，用手指循著葉子的葉脈移動，然後閉眼冥想你所看到的葉子形態。閉上眼睛，聞一聞手中的葉子，藉由觸摸和氣味來分辨每一片葉子的不同。讓自己完全專注在樹葉上，讓所有的擔心、焦慮和負向能量都從身體中排出。

大自然是為我們提供清新能量的場所，也是清除我們體內負向能量的有效助手。因此，整日在都市裡奔波的人們，請給自己多一些和大自然聯結能量的機會，讓大自然撫平我們起伏不定的思緒，讓它將無窮的宇宙能量傳遞給我們，實現我們與宇宙最直接的相通。

能量摘要 >>>

※ 從現在開始，不要再對自己過去的無力感到悲觀與低落，因為那樣做會讓負向能量遮擋住潛能的光芒。你需要發掘出內心深處的這顆種子，並讓它在正向的能量場中迅速成長。

※ 你一旦確定好了心中所想，潛意識就會接收到你傳遞的資訊。如果你的潛意識中充滿了樂觀與積極，那麼你周圍的能量場也必然是積極的，而且它將會為你吸引來一切有利的積極因素。

※ 你需要與潛意識進行溝通，將自己的心願告訴它，並且為它指出一個正確而積極的方向。

※ 如果打破沉悶的生活，為其注入一些鮮活的元素，那麼你自然會被各種新奇的事物激發起來。你身邊的整個能量場也會隨之鮮活靈動起來，它的振動頻率也必然不會像平常一樣。潛能恰恰可以接收這種振動頻率，在這種頻率下，潛能才會被激發出來，釋放出強大的力量。

※ 當你身邊一切舊有的負向能量全部被新生的能量替代時，內在的潛能也會逐漸甦醒。當潛能意識到你想改變自己的生活，並且擁有獲得美好生活的決心與勇氣時，它就會竭盡全力地幫助你，讓你獲得意想不到的成功。

※ 我們可以借助他人的注意力發現自身隱藏的能量。如果我們想讓內在的能量全部釋放出來，不妨多交幾位摯友，讓他們幫助我們發掘自身的潛能。無論是優點，還是缺點，只要是我們沒有發現的，都將是誘發潛能釋放的因素。

※只要讓希望住進內心，無限的潛力就會被它激發出來，讓我們的潛能發揮到極致。

※我們要善待自己的一切：身體、才智、天賦，它們是我們的一部分，一定要像愛自己的親人一樣愛它們。

※一股無形的能量支持著我們，讓我們感覺到生命的氣息。這股力量來自於宇宙，它只是從我們身上流通，而我們也只是宇宙中的一個精神能量體。

※如果你強烈渴望擁有某樣東西，或是產生了某個願望，宇宙就會回應這一振動頻率，使得你能夠吸引來實現願望、獲得豐碩回報的幸運力量。

※我們需要把注意力集中在我們所「缺少的事物本身」，而不是「缺少的事實」，只有這樣，才能保持與願望相同的振動頻率，吸納宇宙間幸運的力量，讓自己夢想成真。

※當我們覺得疲憊的時候，應該放慢腳步，給身體一個喘息的機會，因為人們能夠在休憩中攫取宇宙能量，從而在現實世界中創造輝煌。

※在休憩的時候，你需要保持平和、寧靜的狀態，讓自身的能量場呈現出和諧的狀態，這樣的狀態能夠讓你從宇宙中獲得更充沛的能量。而且當你從休憩中醒來的時候，你百思不得其解的問題很可能會被宇宙的力量解決。

※每一分鐘都存在著能量，我們的生命也正是由每一分鐘構成。請珍惜時間，讓生命中每一分鐘的能量都得到最大程度的發揮。如果做到了這一點，你必然會得到來自宇宙的力量，你的生命也會綻放出最美麗的光芒。

※讓眼睛看向遠方的地平線，改變生活中的焦點，你會發現，自己花越多時間在大自然的美景

中，就有越多的焦慮被消除。

※整日在都市裡奔波的人們，請給自己多一些和大自然聯結能量的機會，讓大自然撫平我們起伏不定的思緒，讓它將無窮的宇宙能量傳遞給我們，實現我們與宇宙最直接的相通。

第十章　在愛中修行

愛不是為了自己而存在和生活，不是為自己操心，
而是在另一個人身上找到自己存在的根源，
同時也只有在另一個人身上才能完全享受自己。

——【德國】黑格爾

愛是一切的源起

愛是人類的本能，也是能量的源起。這裡的愛並不是指狹義的愛情，也不是指親情之愛、友情之愛，而是一種大愛，一種無私奉獻的博愛。當一個人愛自己、愛他人的時候，他的內心深處就會產生源源不斷的能量，這種能量可以傳達到身體中的每一個細胞，讓身體充滿無窮的力量。

我們的內心每時每刻都在製造著愛的能量。從睜開眼睛開始，你看到的就是全新的一天：陽光從雲朵中散發出金燦燦的光芒，有一縷從窗簾的縫隙投到地上，灑下一塊斑駁的光亮，纖塵在陽光下慢慢地飄浮起來，打著轉，在光亮中留下一段足跡後，飄了出去。這是一種對生活的愛，你也許會在被窩中露出一個笑臉，因為你看到了全新的一天；當你走出家門，看到鄰居的微笑，聽到一句句親切的「早安」，你的內心又會產生一種新的能量；陌生人的一句「謝謝」，孩子們的笑臉，都讓你被無形的愛包圍著，心中自然也產生了愛的能量。

如果你想增強這種能量，就要尋找更多的愛。當你關注自己的周圍時，就一定能發現四周都瀰漫著愛。尋找愛的過程像是一種修行，可以透過很多種途徑進行。但無論你做出什麼樣的選擇，運用什麼樣的方式，這條路最終的目的都應該是尋找到愛、尋找到存在於愛中的能量。

尋找愛的第一種途徑是靜坐。靜坐並不是冥想，冥想是進行思索和想像，是理解自己原本無法理解的事情，或是讓自己關注不曾關注的事情。靜坐則是放下，放下我們的顧慮，放下外界一切的紛擾。清淨無為，什麼也不做，什麼也不想。只有當我們完全放下自我的時候，內心深處的愛才能完全展現出來，而這些愛也將轉化為我們的能量。我們甚至能感覺到體內流淌著的綿綿愛意，或是能量的循環流動。

尋找愛的第二種途徑是祈禱。這裡所說的祈禱並不是希望實現自己的願望，而是透過這個方法來完成對愛與能量的尋找。我們要保持一種虔誠的態度，既是對自我的虔誠，也是對內心的虔誠。這種祈禱類似於一種訴說，將我們所有的想法藉祈禱的形式訴說出來。將自己的想法說出來之後，本我的一切也會藉由祈禱出現在我們的世界中，順著這條路我們就可以找到心靈能量的源起——愛。

尋找愛的第三種途徑是放鬆。放鬆我們的呼吸，放鬆我們的神經，讓身體由內而外地進行一次短暫的休息。採取一種舒服的姿勢，或坐著或躺著，感受每一次呼吸的流動。貼近自己，體會身體的舒展以及每一根神經的放鬆，我們會在輕鬆平靜中尋找到愛，尋找到宇宙中最本源的能量。

當我們探尋到內心深處綿綿不絕的愛時，便探尋到了源源不斷的能量。當我們可以合理地利用這股無比巨大的能量時，我們就能夠改變自己的命運，追求一次又一次的成功。

啟動生命中的感謝之泉

1863年，美國總統林肯宣佈每年11月的最後一個星期四為感恩節。於是，在美國，感恩節以法律的形式固定了下來。現在，感恩節不僅是美國的節日，在許多國家也受到人們的歡迎。

感恩節是給予感謝的日子，也是內心源源不絕的愛意彌漫的日子。我們每天都從他人那裡得到關懷與愛，它們來自於父母、親朋好友，甚至是鄰居。當我們將這些關懷與愛回饋給他人的時候，就變成了感恩。

史蒂芬．威廉．霍金是當代最重要的廣義相對論和宇宙論家，被世人譽為「宇宙之王」「另一個愛因斯坦」。他證明了黑洞的面積定理，並且出版了《時間簡史》一書，是全球最暢銷的科普著作之一。但他的命運之路卻坎坷不平，甚至可以用悲慘來形容。

他在21歲的時候不幸患上了盧伽雷氏症，這種病會使人的肌肉萎縮。慢慢的，他就只有兩根手指可以活動。多年後，霍金又因為肺炎做了穿氣管手術，喪失了說話能力，只能藉由語音合成器進行演講。但是，面對如此不幸的生活，他仍然以積極的心態去面對，用還能活動的兩根手指對人們說：「我的手指還能活動，我的大腦還能思維；我有終生追求的理想，我有我愛和愛我的親人朋友；對了，我還有一顆感恩的心……」

像霍金一樣擁有一顆感恩之心的人總是會關注事物美好的一面，所以他們也會成為最美好和最優秀的人，這帶給他們的不僅是名譽與地位，還有來自全世界的愛。感恩不僅能把我們的內心與能量的源頭聯繫起來，更重要的是它會使我們遠離那些負向能量的干擾。

生活並不是一帆風順的，如果你不懂得感恩，就難以知足；不懂知足，就會常常抱怨。而一旦你的生活與頭腦被這些負向能量控制，那你就會失去創造積極生活的力量。反之，只要你始終關注那些美好的事物，你的這種感恩之心就會產生正向的能量，並為你的生活添磚加瓦。

柯達照相機的發明者喬治．伊士曼小時候家境十分貧寒。7歲時父親去世，母親為養活家人，每天都辛苦工作，疲憊不堪。幼小的伊士曼發誓長大後要讓母親過上好日子。為此，伊士曼15歲就開始工作，每次發薪水，他都全部交給母親。

1898年，伊士曼發明了小巧玲瓏、便於攜帶的小型照相機，他想給它取一個響亮的名字。一天夜裡，他回想起小時候依偎在母親的懷抱裡聽故事的情景，感恩的情緒便在腦海裡瀰散開來，於是他決定用母親名字的第一個字母「K」作為照相機名字的開頭和結尾。於是，一個響亮的品牌——Kodak就這樣誕生了。

喬治．伊士曼對母親濃濃的愛意使他產生了強烈的念頭——讓母親過上好日子。正因為他的這種感恩之心，讓世界上多了一個帶有溫馨色彩的品牌。當人們拿起柯達相機的時候，一定不會忘記自己手中捧著的不是一個名牌，而是一顆感恩的心。

假如沒有了感恩的滋養，這世界該有多麼的荒涼！假如情感中沒有了感恩的淨化，人們的內心又會相隔多遠！感恩是一種能量，它能在你的周圍產生正向能量場。如果你的感恩之心強烈，那麼這種正向能量的振動就會被宇宙所接納，使所有與它振動頻率相同的美好事物加速來到你的身邊。因此，在這個世界上，你感恩的東西越多，得到的就會越多。只要對生活充滿感恩，無論你期待的是什麼，宇宙都會無條件地回饋給你。

像愛自己一樣愛世人

愛是世界的回音壁，你付出多少愛，世界就會回饋給你多少愛。當你感覺到愛的力量時，也能感受到生命能量的流動。在付出愛的同時，你也會接收到別人傳遞給你的愛的力量。所以，若要世人愛你，你當先愛世人，並且要像愛自己一樣去愛世人。

特賴因的朋友有一種奇特的自我暗示法，每一次在思考非常重要的事情之前，他都會虔誠地祈禱：「親愛的人們，我愛你們！」最初特賴因有幾分困惑，不知道他為何不只給親密的人送上祝福，還為世間眾生祈禱。他的朋友為他解開疑惑：祈禱時對宇宙傾注的能量越大，宇宙回饋給你的能量就越多。特賴因突然明白這條原理同樣可以作用於愛的邏輯：付出的愛越多，得到的愛也會越多。

「付出愛」適用於我們生命中的每一件事，是讓世間充滿愛的重要法則。特賴因的朋友正是利用了這種法則：每日虔誠地祈禱，將愛送給世間所有的人。因為愛別人時，我們也會獲得同樣的愛；而愛世間所有人時，我們就會獲得世間所有人的愛。

一個沒有愛的軀體如同喪失了靈魂一般，而沒有靈魂的人自然無法主宰自己的生命。所以，一個人想要真正地掌控自己生命的能量，就要學會如何去愛，如何付出愛。當一個人將自己的愛主動撒向他人時，他的生命就像是一曲華麗的樂章，起伏的旋律，跳躍的音符讓他的生活豐富多彩；而被動地等待別人關懷的人，就像在秋風中瑟瑟發抖的落葉，即使博得了他人的同情，也無法擺脫凋零的命運。出身於名門望族的南丁格爾就用自己無私的愛奏響了生命的動聽旋律。

1853年克里米亞戰爭爆發，25歲的南丁格爾主動申請擔任戰地護士。她每天替傷患消毒、清洗、包紮傷口，還經常跪在地上擦洗地板，清洗戰士們換下的染血的衣褲。晚上，她常常提著燈，在四千公尺的巡診線上挨個查看病情，給傷患唱歌，送去愛心，從不間斷。

她常常連續每天工作20小時以上，並且像照顧家人一樣細緻地照顧傷患。她安慰重病者，督促士兵寫信回家，並把剩餘的錢寄回去給家裡，以補貼家用。

士兵們為了表示對她的感謝，不再罵人，對自己粗魯的行為加以約束。夜深人靜時，南丁格爾手持油燈巡視病房時，會有士兵躺在床上親吻她落在牆壁的身影，以表示感激和尊敬。

由於她的努力，該戰區傷患的死亡率從60％降為0.3％。直到英俄停戰，最後一名士兵離開戰場，她才回家。在她逝世後，國際紅十字會將她的生日，即5月12日定為「國際護士節」。「提燈女郎」南丁格爾也被稱為「英國歷史上最偉大的女人」。

莎士比亞曾說：「上天生下我們，是要把我們當成火炬，不是照亮自己，而是照亮別人。」南丁格爾就像是一支火炬，施與他人的不僅有光，還有熱，她將自己溫暖的愛意送給了每個人，最終也得到了世人的回饋。

當一個人將愛撒向周圍時，身邊的人就能夠感受到濃濃的暖意和鮮活的生命能量。當人們像愛自己一樣愛世人時，這種溫暖的能量可以感動很多人。主動去愛世人，因為我們所得到的將會遠遠超過我們的付出。

正確的愛情觀才能傳遞福音

愛情是人類永恆的話題，愛到底是什麼？怎樣的愛情才是真正的愛情？讓我們一起跟隨聖狄雅各的腳步，尋找真正的愛情。

巴西作家保羅·柯爾賀在《牧羊少年奇幻之旅》中講述了這樣一個故事：

聖狄雅各是一名尋寶者。在尋寶的途中，聖狄雅各被一個少年騙走了錢財，為了生存，他在水晶店裡打工，隨後他又跟著商隊向埃及進發。在沙漠中，聖狄雅各遇見了美麗的法諦瑪並愛上了她。

但是面對聖狄雅各的熱情，法諦瑪並沒有任何反應。難道她不愛聖狄雅各？不是的，當聖狄雅各講述外面的精彩世界時，法諦瑪被深深地打動了。但是，法諦瑪並沒有選擇把喜歡的人留在自己的身邊，而是鼓勵聖狄雅各去遠行，去實現他的夢想。

法諦瑪的大度和支持讓聖狄雅各原本堅定的心動搖了，他想留在沙漠。可是，煉金術士告訴聖狄雅各，只有去金字塔那裡，完成他的天命，才是他現在最應該做的事。煉金術士並沒有急於責怪聖狄雅各，而是為他描繪了他留在沙漠後的情景。這使聖狄雅各意識到，如果自己留在沙漠將會因為放棄自己的理想而終日在痛苦中煎熬，他恍然大悟，決定離開沙漠。

找到努力方向的聖狄雅各繼續前行，在向金字塔出發的同時，也在踐行著正確愛情觀的另一個要義——為愛要勇於嘗試。聖狄雅各和煉金術士與一群好戰的士兵們相遇了，為了躲避士兵們的攻擊，煉金術士對他們說他的朋友聖狄雅各是一個可以將自己變成風的神奇少年。而聖狄雅各根本就沒有辦法將自己變成風，但是他必須嘗試著去做，如果他不去嘗試，將再也不能完成自己的夢想，也無法再回到法諦瑪的身邊。最終，沙漠和風幫助了他，他成功地回到了愛人的身邊。

有時候愛情會讓人變得盲目，很多人會像聖狄雅各那樣為了愛情而放棄自己的夢想。但是，我們必須明白：事業是愛情和其他各種事情實現的生命之舟。只有擁有自己的事業，才能最大限度地爆發出自己全部的能量，為愛情奠定更堅實的物質基礎。所以，明智的人會迅速調整自己，確定自己努力的方向，從容果斷地做出抉擇。

另一方面，為了回到愛人的身邊，聖狄雅各願意勇敢地嘗試。當他以對愛情強烈的信念和願為愛情奉獻一切的決心全力以赴時，積極的能量就發揮出了最大的影響力，最終，他不僅實現了自己的夢想，也成功地回到了愛人的身邊。

我們隨著聖狄雅各的腳步一路走來，見證了真正的愛情：在愛情中保持清醒，不要為了愛情盲目地放棄事業，因為事業是愛情的物質基礎；對待愛情要有強烈的信念，並為其付出全部的努力。這都是愛情的真諦，需要每一個人仔細品味。愛情可以讓我們對家庭之外的人產生依戀，在甜蜜相處的歲月裡，我們逐漸習慣了愛人的存在，愛人的一顰一笑都讓我們為之動容。相愛的兩個人像兩個和諧流通的能量場，彼此相互吸引，完美地融合在一起。但我們的愛情要建立在正確觀念的基礎上，即無論何時都必須堅守自己努力的方向。保持自己的本色，擁有正確的愛情觀，讓愛的能量成為我們成就完美的動力。

愛若不再，就請給對方自由

有這樣兩個年輕人，結婚不久後，他們有了孩子。隨著時間的流逝，孩子一天天長大，兩人之間的爭吵也越來越多。從生活上的不協調，到彼此個性的不適合，總之，有很多吵架的理由。直到他們的孩子說：「你們再吵，我就離家出走！」兩個人終於沉默了。接下來的日子，兩人表面上雖然和平共處，但內心卻越來越疏遠。

後來孩子畢業了，也有了自己的家庭，兩人開始重新考慮他們的婚姻。最終，他們選擇了平靜地分手。他們默默地收拾好行李，分好財產，和平地離開了那個共同生活了幾十年的家。

後來，男人又找了一個溫柔賢慧的女人，他喜歡平淡的日子，每天散散步，種種花，生活得簡單又溫馨。而現在的妻子，性格溫柔恬靜，在與他相視的時候，總是帶著滿足的微笑。女人則找了一個開朗熱情的男人，她喜歡熱鬧的生活，郊遊、運動，有時還會在廣場上與其他的老人一起跳舞，她的生活多姿多彩。許多年後，兩對老人在街上偶然相遇，他們先是一陣驚訝，隨後臉上露出了笑容，不約而同地說：「看來你過得很好……」

愛究竟是什麼呢？是擁有，還是自由？其實兩者都有。在一起的時候，愛便是擁有；無法一同生活的時候，愛就是要讓對方自由。故事中的兩位老人，他們之間的愛還在，但無法在一起生活，於是，他們選擇了讓對方自由。相信當他們在街上偶遇的那一剎那，兩人臉上的笑容應是十分幸福的。

如果你真的不再愛對方了，就及時放手吧。別讓對方在沒有愛情的生活中痛苦悲傷，別讓自己在枯燥的日子裡折磨自己也折磨別人。現在放手，也許心裡會感到憂傷，但隨著歲月的流逝，心中的傷痕會癒合。時間是抹平一切痛苦的良藥，一紙婚約只是對感情的一種限制，拿掉這個限制，才是真的愛情。

如果對方真的不愛你了，就給對方一份海闊天空的自由。只要還記得當初那些美好，記得曾經一起風風雨雨走過的路，一起在彼此的生命中留下的回憶，就夠了。牽起手，證明你們當初在一起時的感情是真誠的；而放開手，卻意味著愛情已經走到了盡頭。給對方一份自由，也是給自己一份自由，愛情雖然不在了，卻有一種新的愛縈繞在你們的心頭。

如果對方執意離開，那麼我們沒有任何理由挽留。不要對失去抱著難以承受的痛苦之情，我們失去的只是一段感情，一個路人，並不是愛的全部，因為真正的愛會一直在我們身旁，不會離開。愛從我們的身上流通，唯有我們真正懂得了愛的真諦，才能讓它永遠在我們的周圍徘徊。唯有我們懂得了愛是擁有，更是自由，才會真正懂得愛在我們生命中的分量。

能量摘要 >>>

※ 當一個人愛自己、愛他人的時候，他的內心深處就會產生源源不斷的能量，這種能量可以傳達到身體中的每一個細胞，讓身體的每一處都充滿無窮的力量。

※ 感恩是一種能量，它能在你的周圍產生正向能量場。如果你的感恩之心強烈，那麼這種正向能量的振動就會被宇宙所接納，使所有與它振動頻率相同的美好事物加速來到你的身邊。

※ 在這個世界上，你感恩的東西越多，得到的就會越多。只要對生活充滿感恩，無論你期待的是什麼，宇宙都會無條件地回饋給你。

※ 我們要用平等的觀念對待一切，以平等的精神生出仁愛。在別人困難的時候，毫不猶豫地伸出我們的援手，這樣，在我們遇到困難時，才能得到更多的愛與幫助。

※ 不要忽視我們所能付出的一點一滴的愛，哪怕是一件微不足道的小事，一次不經意的善舉，都可以給處於困難中的人帶去溫暖和快樂。所有的生命都是平等的，都值得關心，唯有以平等仁愛之心去思索生命的意義，我們才會讓自身的能量綻放出絢麗的光彩。

※ 在付出愛的同時，你也會接收到別人傳遞給你的愛的力量。所以，若要世人愛你，你當先愛世人，並且要像愛自己一樣去愛世人。

※ 當一個人將愛撒向周圍時，身邊的人就能夠感受到濃濃的暖意和鮮活的生命能量。當人們像愛自己一樣愛世人時，這種溫暖的能量可以感動很多人。

※我們的愛情要建立在正確觀念的基礎上，即無論何時都必須堅守自己努力的方向。

※不要對失去抱著難以承受的痛苦之情，我們失去的只是一段感情，一個路人，並不是愛的全部，因為真正的愛會一直在我們身旁，不會離開。

第十一章　自由與解脫

一個人只要宣稱自己是自由的，就會同時感到他是受限制的。
如果他敢於宣稱自己是受限制的，他就會感到自己是自由的。

——【德國】歌德

心是世間最難突破的關口

在成長的過程中，我們的內心被越來越多的事情糾纏，覺得生活十分不順利，總是事與願違，這是因為我們處於負向能量之中。我們在來自外界與內在的負向能量的禁錮之中失去了自由的本性，也沒有任何人能幫助我們解脫。

其實，很多時候阻擋我們前進的不是外界的力量，而是我們自己。世界上最難突破的不是那些堅固的城堡和城池，而是自己用負向的能量築成的無法逃離的「心獄」。我們不得不生活在其中，甚至有些人甘於在裡面生存。因為怕跌倒，所以拒絕走路；因為怕受到傷害，所以把自己裹得嚴嚴實實。殊不知，我們在小心翼翼地收藏好自己、封閉自己的同時，也封閉了自己的人生。

一個人在他*25*歲時因為被人陷害，進了監獄，他在牢房裡生活了*10*年。後來沉冤昭雪，他出獄後，開始了幾年如一日地反覆控訴、咒罵：「我真不幸，在最年輕有為的時候竟遭受冤屈，在監獄度過了本應最美好的一段時光。那樣的監獄簡直不是人居住的地方，狹窄得連轉身都困難，唯一的細小窗口幾乎透不進來陽光；冬天寒冷難忍，夏天蚊蟲叮咬……真不明白，上帝為什麼不懲罰那個陷害我的傢伙，即使將他千刀萬剮，也難解我心頭之恨啊！」75歲那年，在貧病交加中，他終於臥床不起。彌留之際，牧師來到他的床邊：「可憐的孩子，去天堂之前，懺悔你在人世間的一切罪惡吧……」

牧師的話音剛落，病床上的他聲嘶力竭地叫喊起來：「我沒有什麼需要懺悔的，我需要的是詛咒，詛咒那些造成我不幸命運的人……」

牧師問：「你因受冤屈在監獄待了多少年？離開監獄後又生活了多少年？」他惡狠狠地將數字告訴了牧師。

牧師長嘆了一口氣：「可憐的人，你真是世上最不幸的人，他人囚禁了你區區10年，而當你走出監獄本應獲自由的時候，你卻用心裡的仇恨、抱怨、詛咒囚禁了自己整整40年！」

故事中那個被人陷害的人之所以到死都得不到自由，正是因為他給自己建了一個「心獄」：他雖然只在牢房中度過了10年，但卻把自己囚禁在「心獄」中過了一輩子。而最不幸的是，他在臨死前還未認識到這一點，直到死亡的那一刻還無法獲得身心的自由與解脫。

「心獄」沒有圍牆、沒有守衛，卻能讓人在裡面生活一輩子，這種現象實在令人惋惜。人們常常嘮叨自己的坎坷往事、身體疾病，或抱怨不公平的生活與磨難重重的人生，卻不知道正是嘮叨、抱怨等這些負向的能量建成了內心的監獄，阻隔了我們與外界的交往，也讓我們失去了自由。

一個人若想重獲自由，重新讓正向的能量在內心流淌，就必須要走出自己編織的牢籠。正如一位哲人所說：「世界上沒有跨越不了的事，只有無法逾越的心。」一旦你憑藉自身的力量衝破「心獄」，那麼所有的負向能量，包括挫折、痛苦與不幸都會消失。突破「心獄」之後，你必然會看到一條通往自由與解脫的道路。此時的自由必然與先前不同，這種夾雜著個人勇氣與努力的突破，勢必會讓你在今後的生活中衝破重重障礙。

從根本的解脫中獲得真正的自由

著名的哲學家、作家盧梭曾說：「人生而自由，卻無處不在桎梏當中。」其實，每個人生來都是自由身，攜帶著從宇宙間吸收的能量來到人世間。但是，在成長的過程中，人們卻被外物束縛了身心，從而阻礙了能量的流通與釋放。

知識的累積和科技的進步加強了對個人自由的壓制，物質文明的發展破壞了人類的自然狀態，使人產生了嫉妒、競爭、痛苦和恐懼。自由則意味著「自然」，意味著內在的純粹與舒展。只有在自由的、自然的狀態下，我們的心靈能量才能不受阻礙地釋放。

自由是生命中最重要的因素，也是能量流通最順暢的狀態。沒有內在的真正自由，我們就不會快樂；沒有心靈的根本自由，人類就永遠被束縛在雜亂的能量場之中。那麼，我們是否有可能自由地、和平地、真正地生活在這個世界上？有沒有可能從制約中徹底解脫，不只是意識形態或觀念上的解脫，還包括心理上的、內在的解脫？

一個年輕人來到禪院，問禪師：「為什麼團團轉？」

禪師隨口答道：「皆因繩未斷。」

年輕人驚訝地問道：「你怎麼知道的？我在來的路上看到一頭牛被繩子拴在了樹上，牠想離開樹到草地上吃草，結果牠轉來轉去都不得脫身。師父沒有看到那頭牛，怎麼一下子就知道我說的是什麼呢？」

禪師笑了笑，說：「你說的是事，我說的是理。你問的是牛被繩索拴住而不得掙脫，我說的是心被俗物纏繞而不得自由。」

我們每個人都像那頭牛一樣，被金錢、聲望、名譽、地位、憂愁、恐懼、痛苦、衝突等外物的繩索束縛著，在得與失、生與死之間團團轉，不斷掙扎卻不得自由。在這樣團團轉的狀態中，我們的自由被一根無形的繩子拴住，雖然我們非常想掙脫繩子的束縛以獲得自由，但結果往往是越想掙脫越被束縛，越得不到自由。

每一個人都在追尋自由，但我們似乎一直在追求表面上的自由，例如身體活動的自由或思想活動的自由，或是從無到有的權利、為所欲為的權利、選擇的權利、追求更廣闊的體驗的權利。然而這些只是非常有限的自由，其中常常包含著大量的衝突。

自由絕對是必要的，但不是為所欲為式的自由，而是根本的自由。當我們談論自由時，所談論的是一個根本的話題。它不是從某樣東西裡解脫，而是自由的頭腦和心靈的一種能量，是完全的和諧。當你對根本的自由有了足夠的認識與深刻的理解後，它便扎根於自由的真實中而非一種觀念裡，那個自由便會遍及你所有的活動和努力中。沒有這種自由，你內在的能量就會始終局限於時間和衝突的小圈子裡。

自由只有在活生生的當下、在日常生活裡才會出現，對於我們生活中的混亂的徹底否定就是自由。回歸自然即是使人恢復自由的能量，它能使我們脫離外界社會的各種壓迫以及文明的偏見。我們的心念一旦免除了情欲、惡念、無知，免除了庸俗、貪欲，就會發現這種自由的真相。

現實與理想的矛盾

英國空想社會主義者湯瑪斯．莫爾曾寫過一本著名的小說《烏托邦》，書中描繪了一個令所有人都憧憬的美好社會。那裡一切生產所得歸全民所有，生活用品按需分配，人人從事生產勞動，而且有充足的時間從事科學研究和娛樂，「烏托邦」的一切看起來都那麼美好。

然而烏托邦終究只是一種想像，就像童話故事中的美麗城堡一樣，飄渺得如同夢境。而理想和現實也是如此，具有本質上的不同。這裡的理想並不是指我們設定好目標，進而一步步腳踏實地地實現的理想，而是指我們頭腦中幻想出來的世界。在這個世界中，沒有衝突、矛盾、暴力、仇恨，但它並不存在於現實生活中。由此，人類的頭腦中就產生了現實和理想之間的衝突。

理想與現實的矛盾讓人們的心靈在兩者之間搖擺不定，無法獲得自由。心靈若是長期在這樣的矛盾中掙扎、煩亂、苦惱，我們便無法從這種狀態中解脫。實際上，理想與現實之間的衝突顯然是一種對真實生活的不瞭解，這種不瞭解是刻意的。理想是對真實的絕妙、體面的逃避，不但無助於瞭解真實的存在，還阻礙了對真實存在的瞭解。當我們時刻以一種理想的視角去看待現實時，其實只是一種逃避現實的手段而已。有些人早就有了應該成為怎樣的人以及應該如何待人處世的概念和理想，然而，這些概念和理想並沒有引導他們走向自由之路，反而把他們帶入一種虛而不實的生活之中，製造了與事實相反的情境。如果我們知道如何與真實的自我相處，相對的理想就不需要了。

因此，心懷理想是一件很殘忍的事，只要你抓著理想、信仰或原則不放，就無法看清自己和事物的真實面目。如果你擁有與現實有所距離的理想，要達到理想，時間是必要的，進步是必要的。你必須擁有知識，才能進步，因此你必須努力奮鬥以獲得更多的知識。

要消除現實和理想之間的衝突，就必須付出全部的精力和能量，而一旦你編造出一個理想的世界，就消散了那股精力及能量。因此，你需要完全摒棄理想，清除一切影響自身能量釋放的干擾。只有當理想從頭腦中被抹去以後，對真實的瞭解才有可能發生；只有當虛假被看清的時候，才能夠覺知到真實的存在。只要我們以積極或者消極的態度來對待現實，就不可能瞭解現實。要瞭解現實，我們必須與它直接交流；我們和它的關係不能透過理想的屏障，或者透過過去、傳統、經驗的屏障發生，這意味著要用心瞭解我們受束縛和制約的頭腦。

當你的心不再活在理想之中，不再逃避，你就會瞭解現實，就會針對現實做充分的行動。如果你撇開理論，不談理想，而只是實事求是地活著，那麼你的身心就已經擺脫了理想的控制，不再被苦痛所糾纏，不再有衝突，你本身也因此得到了極大的解脫，獲得了從未有過的自由。此時，你的心就會變得清新無邪，內在的能量也會純粹如初，你身邊的整個能量場都會呈現出平和的狀態，因而能夠創造出一個嶄新的世界。

拋卻心中的「妄念」

「妄念」這個詞在我們的生活中出現的頻率並不高，「妄」，指的是胡亂、荒誕不合理；「念」，即惦記，常常想起。「妄念」的意思用一句話概括，就是不切實際或不正當的念頭。人的一生中暗藏著許多危險或者誘惑，只有拋卻心中的妄念，心如止水，才能有效地避免那些負向能量的影響，在每一段時間的旅程中都獲得自由和灑脫。

相傳，蘇格拉底帶著他的學生來到一個山洞裡，當學生們還在不解的時候，他打開了一座神秘的倉庫。這個倉庫裡裝滿了奇光異彩的寶貝，每件寶貝上都刻著清晰可辨的字，分別是：驕傲、嫉妒、痛苦、煩惱、謙虛、正直、快樂……這時蘇格拉底說：「孩子們，這些寶貝都是我多年積攢下來的，你們喜歡哪些，隨便拿去吧！」

學生們聽到老師的話，抓起來就往口袋裡裝。可是，在回去的路上，他們被這些財寶壓得氣喘吁吁，走不了幾步就大汗淋漓了，直到最後連路都走不動了。這時蘇格拉底說：「孩子們，還是丟掉一些寶貝吧，後面的路還很長呢！」「驕傲」被丟掉了，「痛苦」被丟掉了，「煩惱」

也被丟掉了……口袋的重量雖然減輕了不少，但學生們還是感到很沉重，雙腿依然像灌了鉛似的。

「孩子們，再仔細地翻翻自己的口袋，看看還有什麼可扔掉的。」在蘇格拉底的勸說下，學生們終於把最沉重的「名」和「利」也翻出來扔掉了，口袋裡只剩下了「謙遜」、「正直」和「快樂」……頓時，他們都有一種說不出的輕鬆和快樂。

學生們帶著各種念頭上路，無論是好的還是壞的都太過於沉重，只有適當地丟掉一些不必要的東西，才能得到輕鬆與解脫。

一個人的真正所需其實很有限，許多附加的東西只是徒增無謂的負擔而已。我們只有一個大腦，一顆心，如果載入的東西過多，勢必會影響它們的正常運轉。每一個想法與念頭都擁有著能量，那些妄想的能量更為強大。這些不同的能量在我們的內在互相撞擊，都想占據我們的大腦與思想，因而我們常常會被它們弄得筋疲力盡。

對於真正享受生活的人來說，任何不需要的東西都是多餘的。適當地拋卻心中的「妄念」會讓我們從糾纏雜亂的網中掙脫出來，使我們面前的道路更加自由暢通，我們才會更輕鬆地生活。當將干擾自由的妄念驅散時，我們才會更接近淡泊清淨的境界；我們的內在與周圍才會有自由的能量流通，在這種能量流中，我們會獲得前所未有的解脫。

遺忘先前那些不好的事

記憶是人類最偉大的財富，讓我們有那麼多關於生活和生命的感受。然而，一個人如果把什麼都記得很清楚，大腦裡就會充滿了各種各樣的記憶，回味幸福使人高興，而回憶煩惱時則可能使人發狂。

這些不同的記憶帶著不同的能量，既有正向的能量也有負向的能量。如果想要從負向能量的束縛中解脫，獲得自由的能量，我們就要遺忘那些不友好的人和事，從根本上剔除負向能量產生的根源，從而讓身邊的能量場呈現積極正向的狀態。

在生活中，總有那麼多瑣事，總有那麼多不如意，這些負向的能量將我們禁錮起來，阻礙了內在能量的正常流通。其實，生活中有許多的事情是不需要銘記在心的，比如朋友間的無端猜忌、親人之間的誤解爭執、戀人間的情感糾葛、夫妻間的小小口角等，這些小事都沒必要記在心上。當你認清了這些，並且用積極的能量去淨化內在空間的時候，你就會在定靜之中獲得一種全新的力量，這種力量會讓你獲得真正的自由與解脫。

有一個女孩不幸得了白血病，但她總是笑呵呵的，即便多次化療已經使得她的頭髮掉光了，她也能微笑著欣賞自己的光頭，對自己說：「想不到我剃光頭還挺好看的嘛。」她還時常給病友們講笑話，逗大家開心，人們都很喜歡她。她還對自己的父母說：「等我走的那一天，你們一定不要哭，要笑著為我送別，因為我是去天堂做天使，我想，天使都有著美麗的頭髮。」

在她彌留時，她的父母早已哭成了淚人，女孩卻只微微地動了一下手中的本子，示意讓母親看，那是女孩的日記本。走到女孩的面前，母親笑了，是帶淚的笑。女孩也笑了，是欣慰的笑，然後女孩輕輕地閉上了眼睛。

女孩的日記本上寫著這樣一段話：「親愛的爸爸媽媽，你們千萬不要為我流淚，為我傷心。忘記我的離去就等於我在你們心中活著，我是太陽的孩子，我的心中充滿陽光，請你們在我離別的時候微笑，讓我生命的最後一刻也印上太陽的微笑吧！」

女孩真正地理解了生命的意義，知道那些不能給別人帶來快樂幸福的東西理應被遺忘。正因為如此，她的生命能量到最後都是純潔寧靜的，這種平和安寧的能量場淨化了一切悲傷，讓她身邊的每一個人都感受到了她內在的淡然與安詳。

在人生的旅途中，有太多的成與敗、得與失、恩與怨、是與非，若都牢記心中，任憑那些傷心事、煩惱事糾結於腦際，就等於給自己套上了沉重的枷鎖，背上了不可卸載的包袱，這會讓自己活得很苦、很累，生命之舟就會在茫茫的大海中迷航、觸礁，甚至傾覆。如果我們善於遺忘，把不該記憶的東西統統忘掉，那我們就能獲得從未有過的自由，也會從煩惱與憂愁之中得到解脫。

遺忘是一種能力，也是一種能量。我們對已經過去的無關緊要的事物，要糊塗一點，健忘一點，朦朧一點。及時將那些無關緊要的負向能量從內在與周圍剔除，不讓它們侵占自己的任何心思，積極的能量才會自由地流淌。一個人學會了遺忘，就是懂得了如何更自由地生活，就能讓自己擁有充沛的能量面對當下，在自由與解脫的環境中創造出灑脫而富足的人生。

取捨間蘊藏著生命的智慧

真正有大智慧的人，必然懂得取捨之道。正如中國歷史上，人們常常稱頌的「魏晉風度」一樣，在人世間生活，活得自由、活得灑脫、有取有捨，不把心思禁錮在一個死結上。其實，這種取捨之道，恰好符合了能量循環的法則。當你付出什麼或捨棄什麼時，自身的能量就會釋放出去；而當你接受的時候，那些能量又會回到你的身體裡。

因此，你必須學會給予與接受，學會獲取與捨棄。只有這樣你才能讓能量在釋放與吸納之間達到平衡，也才能讓自己在這種平衡的狀態中保持自由的身心，掌握生命的智慧。

著名詩人李白曾有過「仰天大笑出門去，我輩豈是蓬蒿人」的名句，瀟灑傲岸之中，透出自己建功立業的豪情壯志。憑藉生花妙筆，他很快名揚天下，做了翰林學士。

但是一段時間之後，他發現自己不過是替皇上點綴昇平的御用文人。這時的李白面臨著一個選擇，是繼續安享榮華富貴，還是浪跡天涯呢？以自己的追求目標作為衡量標準，李白毅然選擇了「安能摧眉折腰事權貴，使我不得開心顏」，棄官而去。

李白掌握了取捨的智慧，在榮華富貴與浪跡天涯之間做出了選擇。他捨棄的雖然是官場上的享樂，但獲得的卻是自由自在的生命與靈魂。古往今來，懂得取捨之道的人才會有真正的快樂與自由，這種蘊藏著智慧的生存方式值得我們每一個人學習。

取捨之中蘊藏著無限的智慧，當你獲取的時候，並不一定真的得到了什麼。就像一只氣球，如果它接受太多的氣體，總有被脹破的時候。人也是一樣，我們拚命地往自己的心裡增加外物，殊不知每一樣都會占據一定的空間，如果我們不懂得捨棄一些不必要的東西，那麼早晚有一天，自己也會如充滿氣體的氣球一樣，超出了負荷，最終被脹破。

古時有位智者在給慕名前來學習的人上第一堂課時，先拿了一滿杯黑顏色的水，然後再往這杯子裡倒清水。杯裡的水不斷外溢，而杯中水仍有黑顏色混在其中。這時，智者對求學者說：「要想得到一杯清水，必先倒掉髒水，洗淨杯子，生活也是如此。」

智者的提醒讓身處迷亂之境的人們得以清醒，如果不倒掉杯中的髒水，那麼無論加入多少水，都很難使杯中的水變得乾淨。如果不捨棄那些負向的能量，即便吸納再多，也不會讓生命清澈無雜。

每個人都需要掌握取捨的智慧，懂得獲取生命中最有價值的事物。與此同時，還必須捨棄那些無用的或是不必要的事物，那些附庸的東西只能讓我們在前進的路途上負重累累。一旦我們對取捨有了深刻的認知，那麼在選擇需要之物的時候，就會獲得旁人無法企及的智慧。懂得自己需要什麼，應該丟棄什麼，用智慧的光芒照亮通往自由與解脫的旅程，我們一定能擁有不同於以往的人生。

健全地活在不健全的世界

這個世界很不健全、不健康、不平衡。在繁華、富裕以及政治、經濟權力的背後，我們的社會存在著麻木和扭曲。在這個社會中，我們接受教育，學會謀生。我們要結婚，要擔負起做父母的責任；要有房子住，要有工作，銀行裡面還要有一定的存款。我們可能一輩子都陷在這樣的生活裡，每天朝九晚五地上班，和各行各業的人建立關係，過著機械化的、可悲的生活。

生活並沒有傳達給我們自由和愛，反而讓我們身處冷漠與麻木的社會之中，這無疑束縛了我們自由的心靈。在工作上，我們已經將每日平均工作的時間減少到一百年前的一半左右，我們現在能夠自由支配的時間比我們的祖先要多得多。祖先要一輩子做到的事，我們只需幾年，甚至是一年就能完成。但這樣忙碌追求的結果卻是：許多人並不知道怎樣使用自己的力量獲得自由與富足，只是想方設法地消磨時間，虛度人生。

生活中，我們被許多花稍光鮮的事物迷住了目光，為了得到這些不惜耗費自己的一切。實際上，我們並不是在追求某些東西，而是被這些東西禁錮了思想與身心。越是追求，越是掉入欲望的泥沼，就更談不上自由了。

為了謀生，我們可以看到許多冷漠、麻木的人，他們如同機器人一般，沒有自己真正的體驗，更不會綻放自己的生命；更有些人用職業的微笑來代替真正的笑容，用無聊的饒舌來代替坦誠的交談，用陰沉的失望代替真正的悲痛。然而絕大部分人都敢於聲稱自己沒有什麼問題，因為我們執拗地認為自己的言行舉止完全合乎常理。這個不健全的社會正是這樣使我們敏銳的洞察力和覺知能力變得麻痺，使我們失去了自由。

其實，要擺脫這個不健全的世界並不困難。我們首先要意識到這個世界的不健全，其次要把自己作為社會的一員，然後開始叩問自己：怎樣活在這個世界，卻不屬於這個世界？怎樣才能夠活在不健全的世界中，卻又保持自身的健全？

我們必須要對這個世界所發生的事情有敏銳的覺知，要客觀地看待這個世界上的混亂、戰爭、毀滅、暴力、殘酷，既知道自己必須謀生，又要知道自己所有的責任。在謀生的過程中，我們要使自己保持高度的清醒，不被外在的事物所麻痺，不被利益享受遮蔽純粹的心靈，用敏感的洞察力觀察這個世界的一切。我們還必須和自然、和自己建立一種新的關係，不是在機械化的過程中，而是在主動、負責地參與行動中，將內在的能量盡可能多地用在正確的地方，從而獲得自由與健全的人生。

世界就是我們本身

《2012》是一部關於地球毀滅的災難電影，講述了世界末日到來時，全人類在災難中掙扎求生的經歷。影片中，全球突然出現極其反常的氣候變化：強烈的地震、巨大的火山爆發、洶湧的洪水席捲而來，恐慌、騷亂、瘋狂、絕望，整個世界暴露在一片衝突之中，而生活在其中的人們則陷入了永無止境的黑暗之中。這部氣勢磅礴的災難電影，深深地震撼了每一個觀眾的心靈。同樣，它也讓我們產生了這樣的疑問：「世界上為什麼存在如此多的災難？」

各種傳播途徑讓我們每天都瞭解到世界上出現的災難：地震、火山爆發、水災、海嘯……每一樣來自自然的危機都導致了人類與這個世界的衝突，而導致這些衝突的根源就存在於我們的內心。人類一味地將自身與外界劃分開來，讓自己的能量場保持特有的振動頻率，卻沒有意識到，自身的能量正是來自於宇宙，來自於自然。這樣刻意地將兩者的聯結切斷，勢必會阻礙能量的正常流通，自然界的各種衝突也就無法避免了。因為衝突，讓原來和諧的世界出現了傾斜；因為衝突，讓我們與宇宙之間的能量流通出現了阻礙。

我們需要化解自身與世界的衝突和矛盾，為此，20世紀最受推崇的心靈導師克里希那穆提教給了我們化解的方法：洞察自我心靈的住所。

他說：「我們不能依賴任何人，不能依賴任何權威或導師，只有我們自己探索，只有自己洞察衝突的外部世界，才能真正地懂得自己，面對整個動盪不安的世界。」克里希那穆提反覆地告誡人們：「如果想看清我們的生活，首先要看清外面世界正在發生什麼。如果我們把自己從世界這個整體中割裂開來，對待外面發生的任何事都漠不關心，就會阻礙我們從生命中獲得真知，甚至會導致更多的衝突。」

也許有人會覺得外界與自己毫無關係，如果這樣想，那麼他們必然無法看清內在的自己。因為外面的世界是我們內心的投影，我們生活在一個舞臺中，在舞臺上表演的人，不僅僅只有我們自己。法國思想家蒙田說過：「每個人身上都有整個人類。」我們一再地強調自己是獨立的個體，而不把全人類作為一個整體來看待，這樣的想法是很危險的。因為外部的世界正是我們內心的投影，我們的一言一行甚至是一個想法都會影響到外界，我們每個人都要對此時的世界負責，即使世界有一天面臨危險，也與全人類息息相關。

這個世界是美好的、溫馨的，正如一首宛轉悠揚的歌曲，而出現的那些不和諧，我們完全可以當作一段小插曲，並不影響美妙的主旋律。我們與世界是保持一致的，因為我們自身所發生的事包括內心所想，都是組成這個世界的一部分。如果我們從內心中開始走向完美，走向光明，走向沒有危難的旅途，那麼整個世界必然會跟上我們的腳步，與我們保持一致。

沒有人知道明天會發生什麼，我們的未來也充滿著各種各樣的可能性。我們試圖尋找一種安全感，卻發現沒有任何地方是沒有衝突的，除了和諧的內心。和諧是一種最平靜的能量，也是最有容納力的能量，它可以使我們體悟到愛、喜悅與和平，讓我們的周圍散發出和諧的能量場。所有相同或相似的美好的事物都會被吸引而來，成為我們內在愉悅的能量。

世界就是我們本身。因此，請你把外界與內心的界限一點一點地消融，重新恢復與宇宙之間的能量聯結，讓整個世界與自身都處於和諧之中。

拋棄阻礙和諧的「分別心」

我們所處的世界是被劃分過的世界：富貴與貧窮、美麗與醜陋、善良與兇殘……所有的事物都被我們嚴格地區分，並以不同的態度去對待。因而整個世界由於我們的「分別心」出現了傾斜，很難再呈現出和諧的本質。

李渤是唐朝時候的江州刺史，他問智常禪師道：「佛經上講『須彌藏芥子，芥子納須彌』。小小的芥子怎麼能夠容納那麼大的一座須彌山呢，這是不是說得太過誇張了？」

智常禪師笑了笑說：「人家說你讀書破萬卷，可有這回事？」

「當然有！」李渤得意揚揚地大聲答道。

「那麼你讀過的萬卷書現在在哪裡？」

李渤抬手指著腦袋說：「都在這裡！」

智常禪師合十淺笑：「奇怪了，我看你的頭顱只有一個椰子那麼大，怎麼能夠裝得下萬卷書呢？」

李渤聽了，當下恍然大悟：原來事物本無大小、多少的分別，是大是小、是多是少都是由人的分別心造成的。

李渤在智常禪師的點撥下看清了事物之間為何存在差別，而禪師的一番話也同樣點撥了我們每一個人：世間的一切事物的差別都由人的「分別心」造成。你認為是好的事物，無論它是否存在缺陷，在你心裡它永遠都是好的；你認為糟糕的事物，不管其本身如何，在你的心裡它永遠都是糟糕的。

著名心靈導師克里希那穆提說過：「我們的生活全部建立在分別心上。我們一直在選擇、分別、拋棄、接受、拒絕，分別出種種的生活層次，在這個過程中，心一直在敗壞、崩潰。」其實，不僅是心在敗壞與崩潰，整個世界中被我們區分出來的事物都呈現出了傾斜的狀態，因為我們時時刻刻都在用分別心「對待」事物。

我們的生活幾乎全部建立在分別心上面：我們用貧富分別生活的層次，用高低貴賤分別職業，用親疏遠近分別關係，並對不同的專業和類別分別出喜歡和不喜歡。我們的心理活動就是建立在這種分別的過程中，在這個過程中不斷比較、鑑別、批判和下結論，因而，自身與外界產生了種種的矛盾，整個世界也由此變得不再和諧。

其實，只要放下這種「分別心」，我們就能修復阻礙和諧的危機關係。佛家常說：「不妄想、不分別、不執著。」大與小、高與低、多與少、善與惡、好與壞、生與死，都是事物最單純的真相，本來就無好壞之分。所謂「心生則種種法生，心滅則種種法滅」，我們若想不起「分別心」，就要憑藉自己的本性單純、樸素地生活，拋開「你」、「我」的界限和對事物的判斷與認定。

阻礙和諧本質的正是人們的分別心，它使人們對自身與外界的能量也產生了不同態度。人們將其他人或事物的能量按自己的意念區分，好的吸納進自身的能量場，壞的拒之門外。這種人為地判斷讓世間萬物傾斜，也讓能量的分佈不再均勻。唯有除去「分別心」，將阻礙和諧本質的這種念頭修復完善，才能讓整個世界回歸到和諧的本源之中。來自各處的能量也會重新有秩序地運行，並且那些與我們的振動頻率相同的能量才會主動接近我們，因而，我們就會生活在和諧的能量場之中。

以謙卑之心對待一切

有一塊石頭，隱於山林，沒於草間，不為人知。它長得普普通通，並不像周圍的同伴那般稜角分明。但經過千百年的風吹、雨打、日曬，它仍保持著本性，謙卑地隱藏於草莽間。不久，一位雕刻家拾起它，並將它精心地雕刻成了一座石像，立於萬人之前，受人膜拜敬仰。

有一條小溪，流過小村地頭，流過頑石水草。它知道在前面，還有大江大河，還有大海。它知道自己的渺小，於是它謙卑地流著，流向大河，又讓大河載著它奔向大海。於是，它清澈的小水滴，也成了廣闊大海的一部分。小溪的水，也由此獲得了永恆的價值。

人生，其實也需如此。我們需要懷著一顆謙卑向上的心，在喧鬧浮躁的社會，不浮華、不妄動，默默地向著目標前進。如果每個人都保持著這種謙卑之心，那麼世間必然少了許多紛爭與衝突，和諧的本質也自然會顯露出來。

一位出身富有的學生趾高氣揚地誇耀他家在雅典擁有一望無邊的肥沃土地，於是老師拿出一張世界地圖請他指出亞細亞在哪裡。

「這一大片全是。」這個學生指著地圖揚揚得意地回答。

「希臘在哪裡？」老師又問。學生好不容易把希臘找出來。

「雅典在哪裡？」老師再問。「好像是在這兒。」學生指著地圖上的一個小點說。

「你家那一望無邊的肥沃土地在哪裡？」老師問他。這個學生尷尬極了，他不可能在地圖找出這一片肥沃的土地。

故事中的學生把自己擁有的東西看得很重，因此產生了強烈的優越感。這種內在判定的差距往往導致了他與周圍人之間關係的不平衡，和諧的氛圍也被干擾。其實，無論我們擁有多少，與整個世界比起來都是極其渺小的。當我們時刻秉持一顆謙遜之心，並用它來對待世間一切生靈的時候，我們才會以一個平等的視角看待世界萬物，這時，它們在我們的心中才會是和諧的。

當整個歐洲大陸都在讚美牛頓的時候，牛頓只是謙卑地說：「我之所以比別人看得遠，是因為我站在巨人的肩膀上。」而當水稻育種專家袁隆平在世界糧食科學研究上做出巨大貢獻的時候，他毫不掩飾地說：「我就是一個農夫的兒子，沒什麼了不起。」他們都是名聲響徹世界的人，但他們的謙卑之心卻沒有被外物所迷惑。正是因為懷有一顆謙卑之心，才讓他們能夠站在一個眾生平等、和諧共存的角度上來看待生命中的一切得失。

沒有謙卑，也許人們照樣可以生活得很好；沒有謙卑，太陽依舊會東升西落。但終究有一天，所有傲慢與無禮、自以為是與自我陶醉的人們都會讓自己生命之路走到盡頭。因為他們的傲慢讓眼睛與內心再也看不到平等和諧的世界，他們看到的只是自己頭頂的一片天空。當人們只對與自己同等重要的人或事感興趣，而忽略了世界這個整體的時候，人們得到的一切物質與能量也必然會大大減少。

以謙卑之心對待世間一切，才能讓整個世界在我們的內心呈現出一片和諧。沒有地位高低，也沒有擁有的多與少，只有平等與和諧的世界。謙卑會讓我們的雙腳真正地立於堅實的大地上，謙卑會讓我們的眼界真正放在廣袤的宇宙間，而謙卑也同樣會讓我們的能量振動頻率更容易被宇宙接受，從而獲得更加善意的回饋。

獲得平衡、穩定與安全感

當你的能量保持在一種平穩安定的狀態時，根據宇宙間的吸引力法則，你將會吸引來和諧的人、事、物。在它們與你接觸的過程中，你才不會再感到恐懼、憤怒、驚慌等各種負向的感覺與能量，你的內在才會真正地感到安全。

我們時刻追求著平衡、穩定的生活，卻不明白如何獲得這種生活。其實，獲得平衡、穩定與安全感指的是讓我們所處的環境保持和諧。這裡的和諧不僅要讓內在和諧，更需要與他人保持和諧的關係。當自身的能量場出現和諧的振動頻率時，宇宙就會接收你的這種和諧資訊，同時回饋給你有利於和諧的人、事、物。

人是社會性的動物，與身邊的人以及整個世界保持和諧平穩的關係，才能得到真正意義上的和諧。你完全可以改變所處的環境，只需要停止內心那些阻礙和諧的想法與念頭。如果能做到這一點，你就獲得了掌控與改變生活的能力。

每到秋天來臨，大雁南飛的時候，整齊的雁群一會兒排成「人」字，一會兒排成「一」字，這是牠們在長期飛行中所形成的最省力的團隊飛翔方式。

雁群以一字形或人字形列陣飛翔時，後一隻大雁的羽翼能夠借助前一隻大雁鼓翼時產生的空氣動力使飛行省力。當飛行一段距離後，左右交換位置是為了使另一側的羽翼也能借助空氣動力緩解疲勞。

具有共同目標和集體感的雁群可以更快、更容易地到達牠們想去的地方，憑藉著彼此的衝勁、助力而向前飛行，同時繼續「鼓舞」尾隨的同伴。這樣，雁群飛翔比孤雁單飛增加了70％的飛行距離。而當一隻雁即將脫離隊伍時，牠就會感到有股動力阻止牠離開，藉著前一個夥伴的「支持力」，牠很快就能回到隊伍中。

當一隻雁生病了，或是受傷脫隊時，就會有另外兩隻大雁主動脫隊跟隨牠，幫助並保護牠。牠們跟著落下的那隻雁一起落到地面，直到牠能夠再次飛翔或者死去。到那時，另外兩隻雁才會飛走，或隨著另一隊雁趕上牠們自己的隊伍。正是由於這種和諧的團隊精神，雁群才能夠越過萬水千山，到達牠們的棲息地。

當我們仰望天空的時候，偶爾會看到雁群掠過的身影。無論是以什麼形式飛過，牠們所創造的畫面總是和諧的、穩定的。其實，人類完全可以像牠們一樣，從群體中尋找有利於讓自己獲得平衡穩定的能量，從而活在和諧的能量之中。

現今的社會是需要和諧的，人與人之間需要和諧，人與社會之間需要和諧，人與宇宙間也需要和諧。而和諧的基礎，就是我們內在的和諧。唯有我們從內心深處渴望擁有和諧的能量，渴望獲得平衡與穩定，才可以在世界的各個角落得到內在的安定與平穩。當我們活在和諧的脈流之中時，一切的負向能量都無法再控制我們，整個能量場都處於最平衡的狀態，而我們也會始終獲得穩定與安全感。

開展無我意識的探險

在成長的過程中，人們的內心深處會塑造出一個虛假的自我，也就是小我。小我是由心智活動組成的，基於個人和文化的制約而成，常常干擾人們的判斷。

小我為人們設定了一種生活框架，人所有的追求其實都是它的追求。有些小我的追求只是讓我們更加辛苦地生活，而它的另一些追求卻讓我們與外界處於不平衡的狀態。例如，有些人的小我自私自利，在它的控制下，人與人之間毫無信任可言，各種損人利己的事情也會接連發生；還有些人的小我的控制欲極強，在它的指引下，各種戰亂頻頻發生。如果我們無法看清小我的面目，一味地聽命於它的指揮，那麼不僅會讓自己的生活失衡，也會讓整個世界不再和諧。世界上的一切危機與衝突都是我們內在的反映，唯有我們的內心和諧了，整個世界才會呈現和諧的樣子。

讓內在和諧，首先就要做到擺脫小我的控制，將自己的意識與小我的追求剝離開來。你的主宰是自己，而不是小我，它只會讓你努力追求一些對自身毫無價值的東西，當你被它控制、失去自己意識的時候，它卻躲在你心裡的某個地方暗暗發笑。而當你擺脫了它的控制時，你的心靈就會感到前所未有的澄澈與清明。

在你捨棄了小我以後，你需要為自己再培養一種意識：無我的意識。無我的梵文意思是「無私的奉獻」，也就是為了他人的利益以及世界的和諧而奉獻出自己的全部能量與精力。在這種意識中，你會與整個世界連接在一起，沒有我，也沒有你，整個世界是一個巨大的整體。在你努力地開展無我意識的探險，將自己的能力與整個世界連接之後，才能得到真正豐碩的回報。

美國著名企業家約翰．伍德在《離開微軟改變世界》一書中寫了他自己的故事：

他在尼泊爾參加攀登喜馬拉雅山的活動中，偶然參觀了一所小學。這所小學的圖書館中，只有一些登山的人留下的書籍，這些書並不適合孩子們看。因而，伍德回去以後發了電子郵件給他的朋友和同事，希望能幫助這些孩子。他的這種無我意識感染了其他人，一大批書本與捐款都贈給了那所學校。過了不久，伍德辭去了微軟的職務，創辦了一個機構，名為「閱讀空間」。這個機構的目的就在於幫助那些落後國家的孩子們識字與學習。迄今為止，這個機構已經在許多國家創辦了學校，讓無數孩子學到了知識。

無我意識是讓整個世界變得和諧的根本。正如伍德那樣，他以無我的意識幫助孩子們，不僅讓許多孩子學到了知識，也讓自身價值得到了最高的體現。相信這個時候，他追求到的是真正的富足人生。

世界上的所有事物都是一體的，如果每個人都受控於各自的小我，那麼勢必會割裂這種關係。當所有事物都單獨存在的時候，整個世界將不會產生和諧的能量。而無我意識恰好是讓世界恢復和諧的推動力，當我們捨棄了小我的追求，我們的精神就到達了一個更高的層次，讓整個世界再次形成了一個整體。

我們不妨多培養自己的這種無我意識，多留心與身邊每一個人的能量互動，讓自己的身心多產生一點無私的能量。這些由我們內心散發出的愛與和諧的力量，雖然微小，卻足以讓身邊的人感受到我們的愛與溫暖。一旦我們展開了這種無我的意識的探險，整個世界就會顯露出和諧的本質，讓我們獲得來自它的力量，實現想要的人生。

累積最高形式的能量

每個人都有自己獨特的能量場，身體、心靈以及外界也各自存在著不同的能量場。每種能量場中的能量各有不同，有的相似、有的完全不同。我們需要盡可能地讓自己的能量場保持和諧，讓自身與外界之間的能量場相似，這樣才能獲得來自宇宙最強大的力量，並利用這股力量實現心中所想。

能量是追求穩定的，也只有在穩定的情況下才可以發揮其最大作用。想要讓能量穩定下來，我們的身體、心靈、環境必須實現和諧統一。自身能量場會為我們吸引來相同或者相似的能量，混亂的能量會吸引來各種各樣的能量，導致自身能量場的紊亂。如果這種紊亂到達一定程度，必然會影響到身體、心靈乃至外界。影響到身體，身體就會產生疾病；影響到心靈，心靈就會出現心理問題；影響到外界，外界能量就會產生波動，從而影響整個環境的和諧。

如果身、心、外界三者的能量無法實現統一，那麼它們之間就會出現碰撞與衝突，最終以一方為基調重塑這種統一。比如，你的心靈很健康、很積極，但所處的生活環境一片死氣沉沉，其他人都很消極，這兩種相對立的能量就無法和諧共存，必然發生衝突。在身、心、外界這三種能量碰撞的過程中，只有當心靈能量占據主導位置的時候，你周圍的能量場才能夠實現真正意義上的和諧與穩定。否則，它就會不斷隨著心靈的變化、身體狀況的變化、外界環境的變化，在不穩定狀態與穩定狀態中相互切換，這樣更不利於能量場的穩定。

自身能量場追求穩定、獲取最高形式能量的過程，實際上就是心靈能量和身體能量與外界能量逐漸進行和諧統一的過程。當身心能量首先達到了平穩與安定時，那這種和諧的能量場必然會影響到我們周圍的能量場。我們體內充滿了無限的能量，它所散發出來的能量場勢必很強大，那麼其改變周圍環境的威力也自然強大。

只有和諧穩定的能量才是高形式的能量，因為只有在穩定的情況下能量才可能平穩地吸引相同或者相近的能量，讓自身的能量更加強大。人類產生的任何想法、行動都會消耗自身的能量。我們要盡量避免讓自己產生負向能量，從而減少內在能量的消耗，獲得更多和諧的能量。當一切內在與外在的衝突結束以後，世界就會重新呈現出一片和諧的景象。

我們是宇宙間最具有能量的存在體，在這個世界上，我們擁有足夠的能力去體驗所有的美好事物。但前提是，我們需要累積最高形式的能量，保持身心靈與環境的和諧，奉獻出最美好、最完善的自己。將愛、喜悅與平和的能量源源不斷地向外界釋放，毫不吝嗇地將這些能量帶給他人，我們就一定會獲得來自宇宙的恩賜，得到更多更純粹的能量。

能量摘要 >>>

※ 一旦你憑藉自身的力量衝破「心獄」，那麼所有的負向能量，包括挫折、痛苦與不幸都會消失。突破「心獄」之後，你必然會看到一條通往自由與解脫的道路。

※ 當你對根本的自由有了足夠的認識與深刻的理解後，它便扎根於自由的真實中而非一種觀念裡，那個自由便會遍及你所有的活動和努力中。

※ 回歸自然即是使人恢復自由的能量，它能使我們脫離外界社會的各種壓迫以及文明的偏見。我們的心念一旦免除了情欲、惡念、無知，免除了庸俗、貪欲，就會發現這種自由的真相。

※ 你需要完全摒棄理想，清除一切影響自身能量釋放的干擾。只有當理想從頭腦中被抹去以後，對真實的瞭解才有可能發生；只有當虛假被看清的時候，才能夠覺知到真實的存在。

※ 當你的心不再活在理想之中，不再有什麼逃避，你就會瞭解現實，就會針對現實做充分的行動。如果你撇開理論，不談理想，而只是實事求是地活著，那麼你的心就會變得清新無邪，內在的能量也會純粹如初，你身邊的整個能量場都會呈現出平和的狀態，因而能夠創造出一個嶄新的世界。

※ 拋卻心中的妄念，心如止水，才能有效地避免負向能量的影響，在每一段時間的旅程中都獲得自由和灑脫。

※如果我們善於遺忘，把不該記憶的東西統統忘掉，那我們就能獲得從未有過的自由，也會從煩惱與憂愁之中得到解脫。

※唯有你不再受「獸性」的想法擺佈，才能將內在的能量用於正確的地方；唯有讓人性的光芒照亮內在，才會讓心靈獲得自由的能量，而你也會擺脫束縛，得到真正的解脫。

※我們必須捨棄那些無用的或是不必要的事物，那些附庸的東西只能讓我們在前進的路途上負重累累。一旦我們對取捨有了深刻的認識，那麼在選擇需要之物的時候，就會獲得旁人無法企及的智慧。

※在謀生的過程中，我們要使自己保持高度的清醒，不被外在的事物所麻痺，不被利益享受遮蔽純粹的心靈，用敏感的洞察力觀察這個世界的一切。我們還必須和自然、和自己建立一種新的關係，不是在機械化的過程中，而是在主動、負責地參與行動中，將內在的能量盡可能多地用在正確的地方，從而獲得自由與健全的人生。

※請你把外界與內心的界限一點一點地消融，重新恢復與宇宙之間的能量聯結，讓整個世界與自身都處於和諧之中。

※唯有除去「分別心」，將阻礙和諧本質的這種念頭修復完善，才能讓整個世界回歸到和諧的本源之中。來自各處的能量也會重新有秩序地運行，並且那些與我們的振動頻率相同的能量才會主動接近我們，因而，我們就會生活在和諧的能量場之中。

※我們需要懷著一顆謙卑向上的心，在喧鬧浮躁的社會中，不浮華、不妄動，默默地向著目標前進。如果每個人都保持著這種謙卑之心，那麼世間必然少了許多紛爭與衝突，和諧的本質

也自然會顯露出來。

※我們需要時刻讓自己保持積極向上的振動頻率，這樣的頻率會對外界造成積極的影響。盡力完善自己，進而完善整個外界，讓我們賴以生存的世界呈現出和諧的樣子。

※當你的能量保持在一種平穩安定的狀態時，根據宇宙間的吸引力法則，你將會吸引來和諧的人、事、物。在它們與你接觸的過程中，你才不會再感到恐懼、憤怒、驚慌等各種負向的感覺與能量，你的內在才會真正地感到安全。

※你完全可以改變所處的環境，只需要停止內心那些阻礙和諧的想法與念頭。如果能做到這一點，你就獲得了掌控與改變生活的能力。

※在你努力地開展無我意識的探險，將自己的能力與整個世界連接之後，才能得到真正豐碩的回報。

※我們不妨多培養自己的這種無我意識，多留心與身邊每一個人的能量互動，讓自己的身心多產生一點無私的能量。這些由我們的內心散發出的愛與和諧的力量，雖然微小，卻足以讓身邊的人感受到我們的愛與溫暖。

※我們是宇宙間最具有能量的存在體，在這個世界上，我們擁有足夠的能力去體驗所有的美好事情。但前提是，我們需要累積最高形式的能量，保持身心靈與環境的和諧，奉獻出最美好、最完善的自己。

※將愛、喜悅與平和的能量源源不斷地向外界釋放，毫不吝嗇地將這些能量帶給他人，我們就一定會獲得來自宇宙的恩賜，得到更多更純粹的能量。

01	三國志--限量精裝版	秦漢唐	定價：199元
02	三十六計--限量精裝版	秦漢唐	定價：199元
03	資治通鑑的故事--限量精裝版	秦漢唐	定價：249元
04-1	史記的故事	秦漢唐	定價：250元
05	大話孫子兵法--中國第一智慧書	黃樸民	定價：249元
06	速讀二十四史--上下	汪高鑫李傳印	定價：720元
08	速讀資治通鑑	汪高鑫李傳印	定價：380元
09	速讀中國古代文學名著	汪龍麟主編	定價：450元
10	速讀世界文學名著	楊坤 主編	定價：380元
11	易經的人生64個感悟	魯衛賓	定價：280元
12	心經心得	曾琦雲	定價：280元
13	淺讀《金剛經》	夏春芬	定價：210元
14	讀《三國演義》悟人生大智慧	王 峰	定價：240元
15	生命的箴言《菜根譚》	秦漢唐	定價：168元
16	讀孔孟老莊悟人生智慧	張永生	定價：220元
17	厚黑學全集【壹】絕處逢生	李宗吾	定價：300元
18	厚黑學全集【貳】舌燦蓮花	李宗吾	定價：300元
19	論語的人生64個感悟	馮麗莎	定價：280元
20	老子的人生64個感悟	馮麗莎	定價：280元
21	讀墨學法家悟人生智慧	張永生	定價：220元
22	左傳的故事	秦漢唐	定價：240元
23	歷代經典絕句三百首	張曉清 張笑吟	定價：260元
24	商用生活版《現代36計》	耿文國	定價：240元
25	禪話•禪音•禪心禪宗經典智慧故事全集	李偉楠	定價：280元
26	老子看破沒有說破的智慧	麥迪	定價：320元
27	莊子看破沒有說破的智慧	吳金衛	定價：320元
28	菜根譚看破沒有說破的智慧	吳金衛	定價：320元
29	孫子看破沒有說破的智慧	吳金衛	定價：320元
30	小沙彌說解《心經》	禾慧居士	定價：250元
31	每天讀點《道德經》	王福振	定價：320元
32	推背圖和燒餅歌裡的歷史	邢群麟	定價：360元
33	易經：現代生活的智慧	孫三寶	定價：280元
34	《傳習錄》白話本	姜波	定價：330元
35	《史記》故事導讀	姜波	定價：340元
36	《資治通鑑》故事導讀	姜波	定價：300元
37	厚黑學全集【參】厚黑心術	李宗吾	定價：300元
38	《碧巖錄》中的100大智慧	于水音	定價：280元

國家圖書館出版品預行編目資料

安頓身心：喚醒內心最美好的喜悅 / 麥克羅

一版. -- 臺北市 :廣達文化, 2013.3

面 ; 公分. -- (身心靈成長：6)(文經閣)

ISBN 978-957-713-520-9(平裝)

1.成功法 2.生活指導

177.2 102001109

安頓身心

——喚醒內心最美好的感覺

榮譽出版：文經閣

叢書別：身心靈成長 06

作者：麥克羅 著
出版者：廣達文化事業有限公司
Quanta Association Cultural Enterprises Co. Ltd
發行所：臺北市信義區中坡南路路 287 號 4 樓
電話：27283588　傳真：27264126　　E-mail：*siraviko@seed.net.tw*
劃撥帳戶：廣達文化事業有限公司　帳號：19805170

印　刷：卡樂印刷排版公司　　　裝　訂：秉成裝訂有限公司

代理行銷：創智文化有限公司
23674 新北市土城區忠承路 89 號 6 樓
電話：02-2268-3489　傳真：02-2269-6560

CVS 代理：美璟文化有限公司
電話：02-27239968　傳真：27239668

一版一刷：2013 年 4 月

定　價：280 元

書山有路勤為徑
學海無崖苦作舟

書山有路勤為徑
學海無崖苦作舟

文經閣